나주 기적의 징표 인준과 성모성심의 승리를 위하여
나주에서 발현하신 티 없으신 성모님의 성심을 통하여
이 글을 하느님께 봉헌합니다.

"주춤하며 머뭇거릴 시간이 없다. 너희 모두가 용기
를 내어 애타게 호소하는 내 불타는 성심의 사랑이 온
세상에 전해지도록 일치 안에서 더욱 사랑의 힘을 발
휘하여 영웅적으로 충성을 다해주기 바란다."

1998.10.7. 성모님 사랑의 메시지

지금은 묵시록 시대

성 교회(聖敎會) 안에 침투한 프리메이슨

나주에서 현현(顯現)한 미증유 기적의 징표들

"암흑으로 번져가는 세상을 구하기 위해서는 하루 빨리 내 아들 예수 그리스도의 대리자인 사제들이 분별하여 교회의 질서 안에서 복음적 생활을 하도록 최선을 다해야 할 것이며, 양떼들을 천국으로 인도해야 하기에 내 아들 예수가 세상 자녀들을 구원하기 위하여 어떠한 희생을 치렀는지, 구원이 어떤 고통으로 얻어진 것인지 그들이 먼저 잘 알아야 한다.

내 아들 예수로부터 친히 택함을 받은 목자들까지도 세상의 지배자들에게는 절하며 굽신거리면서도, 하늘의 주인이시며 우주의 왕이신 하느님께 꿇어 경배하며 양떼들을 천국으로 인도하기 위하여 은혜를 청하는 목자는 극소수에 지나지 않으니 나와 내 아들 예수가 어찌 피를 흘리지 않을 수가 있겠느냐?

이제 세상 죄악이 너무 팽배하여 징벌의 때가 가까워 온다.

그때와 시간은 언제일지 모르니 어서 서둘러라.

마귀의 횡포는 나의 사제들까지도 총동원시켜 나의 메시지까지 혼란의 도가니로 몰고가려고 하고, 무서운 위협이 세상을 짓누르고 있으며, 인류의 타락은 날로 심해져 배교와 불충의 시각들이 다가와 벼랑 끝까지 와 있는데, 그 파멸을 막기 위해서, 나주에서 전대미문의 기적들을 보여주고, 중언부언해가며 수많은 징표를 보여주면서까지 내가 간택한 작은 영혼을 통해 호소하는 내 사랑의 메시지가 실천되도록 하루빨리 나주가 인준이 되어야만이 온 세상이 구원 받을 수 있다. 눈에 넣어도 아프지 않을 내 사랑하는 교황이여! 어서 나에게 다가와 나의 사랑의 메시지가 온 세상에 전해져 이 세상이 붉은 용으로부터 해방되어 주님의 나라가 오도록 어서 빨리 도와다오."

사랑의 메시지 2006년 10월 15일

2005년 4월 16일 나주성모님 동산에서 미사중 하늘에서 내려오신
두 성체에서 2005년 5월 6일 많은 양의 성혈이 흘러나와 성광에 모심

예수님의 지시에 따라 율리아 자매가 그렸다

1. 성체의 실체변화

✦ 성체가 살과 피로 변화됨

1995. 10. 31.
로마 교황청에서 요한 바오로 2세 교황님과
미사 중에 일어난 성체기적

교황님이 집전하시는 개인 미사에 참여했을 때
율리아가 받아 모신 성체가 살과 피로 변하는 모습을
교황님의 비서인 몬시뇰께 말씀드리니
뒤에 가서 기다리라고 하여 뒤편에 가서 기도하고 있는 모습.
이 때 촬영된 동영상이 로마 국영방송
성체기적 프로그램에서 방영되었다.
(www.najumary.or.kr 검색 확인할 수 있음)

9

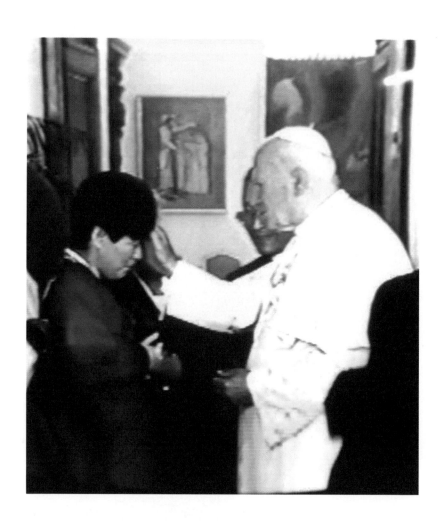

교황님께서 이마에 십자가를 그어주시는 모습

율리아자매가 받아 모신 성체가 살과 피로 변화된 모습 (성심모양)

교황님께서 성체가 살과 피로 변화된 모습을 목격 하시고 놀라시는 모습

교황님께서 성체가 살과 피로 변화된 모습을 보신 후 강복하시는 모습

12

강복하시고 난 후 뺨을 어루만져 주시는 교황님

(www.najumary.or.kr 검색하여, 성체기적 → 살과 피로 변화됨 → 바티칸에서 두 번째 성체기적 동영상 볼 수 있음)

2009년 11월 24일 성모님께서는 율리아에게 "죠반니 불라이티스 대주교를 만나거라." 라는 메시지를 주셨다. 이에 율리아는 예수님께서 교황님에게 전하라는 성체 (예수님께서 2006년 10월 16일 메시지와 함께 성체에서 성혈이 흘러나온 징표를 주셨음)를 모시고 2010년 2월 26일 장흥빈 알로이시오 신부님과 함께 로마행 비행기에 몸을 실었다.

죠반니 대주교님께서는 27일 당신을 방문한 율리아님에게 바티칸에서의 일정과 계획을 물어보셨다. 율리아는 모든 일정을 대주교님의 결정에 따르겠다고 했다. 이에 대주교님은 "이틀 전 기도 중에 성모님으로부터

'율리아에게 어떤 말을 듣게 될 것이다. 전에는 (1994. 11. 24 경당에서 있었던 성체강림) 율리아로부터 성체를 받았지만 이번에는 네가 율리아에게 성체를 주어라'라는 응답을 받았다." 고 하시며 "내일 주일미사를 공관 소성당에서 같이 하자." 고 하셨다.

2월 28일 10시에 대주교님과 장 신부님의 공동집전으로 미사가 시작됐다. 대주교님은 율리아에게 양형성체를 주셨다. 영성체 후 묵상 중에 있던 율리아가 한 협력자를 불러 입을 벌렸다. 그는 깜짝 놀라 대주교님을 불렀다. 율리아가 모신 성체가 살과 피로 변화되고 있었다. 대주교님도 깜짝 놀라 미사에 참석한 수녀들을 부르셨다.

성체에서 빨간 선홍색 피가 흘러나오면서 빵이 부풀듯 부풀어 오르기 시작했다. 잠시 후 성체와 혀 사이에서도 피가 흘러나와 주위를 온통 선홍색으로 물들였다.

살과 피로 변화된 이 성체는 심장이 박동하듯 때로는 강하게 때로는 약하게 움직였기에 율리아의 혀도 살아계신 성체의 움직임에 따라 요동치듯 같이 움직였다. 부풀어오른 성체께서 들썩들썩 강하게 움직이실 때면 율리아의 혀에서 성체가 분리되어 솟아오르는 놀라운 모습을 목격할 수 있었는데 그럴 때면 혀와 성체 사이에 공간이 생기면서 입술 쪽의 성체 밑부분에 진한 그림자가 만들어지기도 하였다.

  빵과 포도주의 형상인 성체성혈 안에 예수님께서 실제로 살아 숨 쉬며 몸과 피와 영혼과 천주성으로 현존해 있음을 알려주시는 성체기적을 목격하신 대주교님께서는 한시도 눈을 떼지 않고 처음부터 모든 변화를 유심히 살피셨다. 그리고 나서 율리아에게 성체를 영하라고 하셨다. 율리아는 이 기적의 성체를 보존하고 싶었지만 대주교님의 뜻에 순명했다.

  대주교님은 성합에 물을 받아 율리아가 마시도록 하고, 입안에 상처가 있는지 확인하시고 마지막에는 하얀 성작 수건으로 입 안을 샅샅이 닦아냈으나 피의 흔적은 전혀 없었다. 대주교님의 이 모든 지시와 행동은 바티칸의 고위 성직자로서 이 징표가 초자연적 현상인가 아닌가를 확실하게 분별하기 위한 사려 깊은 조치였다고 판단된다.

  이 미사에 참석한 사람은 성직자 두 분과 공관에 근무하는 수녀님 네 분, 그리고 율리아와 일행 5명으로써 총 12명이 이 역사적인 성체기적의 증인이 되었다. 이날 성모님께서는 바티칸에서의 이 성체기적이 마지막 성체기적이라는 메시지를 주셨다.

  이로써 율리아를 통하여 보여주신 성체기적은 율리아

의 입안에서 성체가 살과 피로 변화된 기적, 성체에서 성혈이 흘러나옴과 하늘에서 강림하심, 성혈이 성체로 변화되심을 포함하여 총 33번으로 33세에 승천하신 예수님의 생애를 묵상케 한다.

대주교님께서는 당신께서 집전하신 미사에서 일어난 성체기적에 대해 "이 성체기적은 바티칸의 교황청 공관에서 일어난 일이기에 그 분별에 대한 관할권은 오로지 교황님과 교황청에만 있다. 광주대교구나 세계 그 어느 누구도 이에 대해 관여할 권한이 없다." 라고 거듭 강조하셨다.

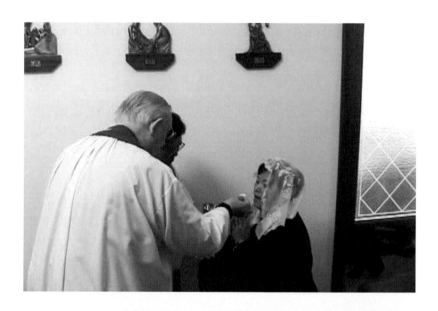

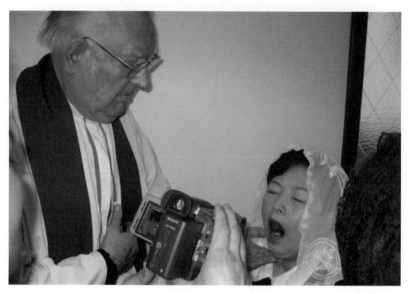

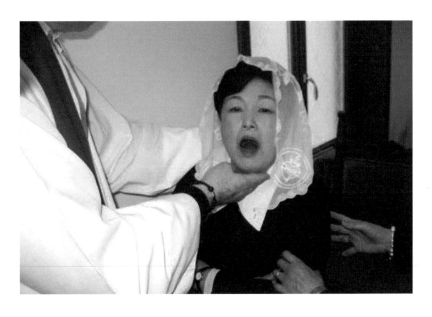

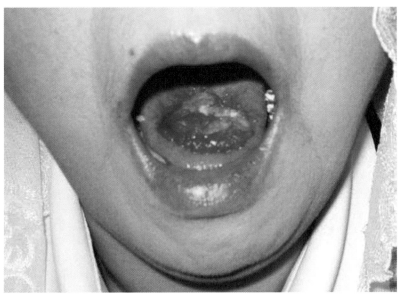

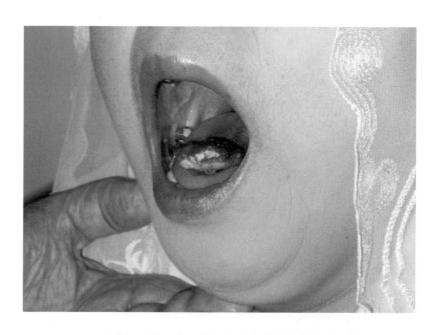

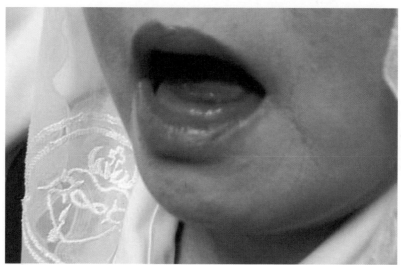

비디오 캡쳐 ①

20

비디오 캡쳐 ②

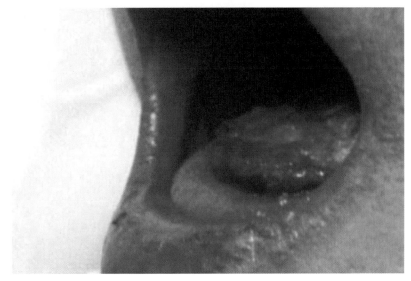

비디오 캡쳐 ③

21

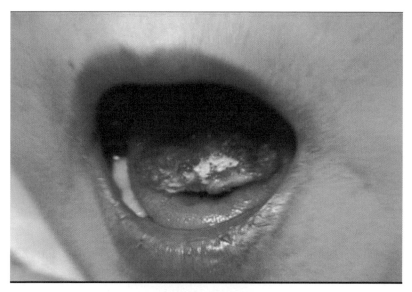

비디오 캡쳐 ④

하얀 성작 수건으로 율리아의 입안을 샅샅이 닦아내시며
입안의 상처유무를 검사하시는 불라이티스 대주교님

2010. 2. 28. 성체 기적의 목격자들

We, the witnesses, profess our firm opinion and belief that this amazing occurrence that we observed today was truly a Eucharistic miracle that the Lord and the Blessed Mother gave us through Julia Kim and, hereby, add our signatures below as an attestation of our belief.

February 28, 2010-02-28

Witnesses:

Archbishop Giovanni Bulaitis	Giovanni Bulaitis
Fr. Aloysius Hong-Bin Chang	Aloysius Chang
Sister	Suor Renata Babmolie ZSAPU
Sister	Sr Agata - Sylwana Jalbo ZSAPU
Sister	Sa. Aleksandra . Celsja Grekat
Sister	
Peter Jae-Suk Kim	Kim bedro 김 베드로.
Angela Mi-Suk Yoon	윤 안젤라
Albino Dong-Myung Kim	Albino Kim
Peter Kyung-Won Suh	
Cäcilia Min-Ja Pohl	M. Cäcilia Pohl
Julia Kim	

2010 □ 2 □ 28 □

성체의 실체 변화를 인증하는 서명들

23

율리아가 오전 9시경 예수님으로부터 "성체 안에 살아 숨쉬며 피 흘려 사랑을 보여준 나를 교회의 맏아들이며 베드로의 후계자로 선택 받은 나의 대리자인 교황에게 전하여라."라는 메시지를 받은 후 거실에 모셔져 있는 성합을 열자마자 성체에서 성혈이 흘러나오는 놀라운 모습을 목격하였다. 그 놀라운 모습을 촬영했는데 날아오시는 성모님의 모습이 뚜껑에 나타나셨다.

예수님 말씀에 따라 율리아는 2010년 3월 11일, 인류복음화성 장관 이반디아스 추기경을 통하여 이 '기적의 성체'를 베네딕토 16세 교황님께 전해드렸다. 교황님께서는 나주에 대해 "I am favorable on Naju." 라고 하셨고 이를 다시 한국어로 번역하면 '나는 나주를 찬성합니다.' 또는 '나는 나주를 지지합니다.' 로 표현되

며 "예수님께서 교황님에게 전해지기를 원하셨던 성체"
는 교황님께 무사히 전해졌으며 교황님께서는 그 성체
를 유심히 보시고 "소중하게 보관하라." 고 지시를 내리
셨다고 한다.

2. 성체 강림

✦ 1997. 8. 27 나주 성모님 경당 제대 아래로 성체 강림하심
(www.najumary.or.kr 또는 '마리아의 구원방주' 또는 '나
주성모님동산' → 전대미문의 징표 → 성체강림 검색하
여 동영상 확인할 수 있음)

성체는 예수 성심 위에 사랑의 불꽃이 있었고
그 위에 작은 십자가가 있었다.
두 줄기의 가시관이 성심을 둘러싸고 있었으며,
두 방울의 성혈이 흘러내리고 있었다.

섬김을 받으러 오신 것이 아니라 섬기러 오신 예수님께서는
겸손하게 가장 낮은 자리에까지 내려 오셨음.

파 레몬도 신부님과 홍콩에서 오신 엘싱거 신부님과
율리아 자매가 성체께 경배드리는 모습.

27

내려오신 성체를
티없으신 성모님을 통하여
하느님께 봉헌하시는 모습

◀ 성체께서 강림 하실 때 율리아는
낙태 보속 고통을 받고 있었음

내려오신 성체로 기도 해 주실때
낙태 보속 고통으로 많이 불렀던
배가 꺼지면서 순간
모든 고통이 사라지는 모습 ▼

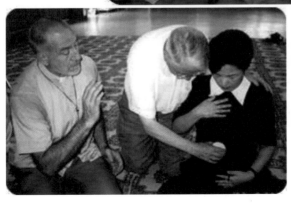

성체 기적을 목격한 증인들

성체께서 내려오신 자리

1993년 6월 27일, 교황주일에 성모님의 부르심으로 향유를 흘리시는 성모님께 나아가 율리아가 메시지를 받고난 후 순례오신 분들과 함께 사진을 촬영하였는데, 성모님상은 사람들이 보는 앞에서 왼쪽으로 움직이셔서 모두가 감탄하였다. 사진들을 현상해 보니 성모님상 오른편에 성체와 성작이 여러 모습으로 나타났다.

성체 안에 십자가와 알파(A)와 오메가(Ω)의 모습이 뚜렷이 보이고 성모님의 왼손에 작은 성체의 모습이 보인다.

1993년 6월 27일 교황 주일
성체와 성작의 거리가 가까워졌다.
성모님의 오른손에 작은 성체의 모습이 보인다.

1993년 6월 27일 교황 주일
성체와 성작과의 거리는 점점 가까워져 만났고
성모님께서는 오른손에 작은 성체를 들고 계심

과달루페 성모님 성화의 눈동자에
많은 사람들이 들어 있는 것을 발견했던
톤스만 박사가 같은 방법으로 성체 성작 사진을 확대 했을 때
놀랍게도 성체 안에 하얀 한복을 입고
아기를 안은 여인의 모습이 발견되었음

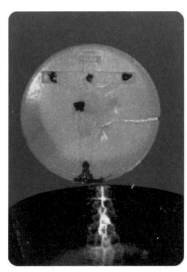

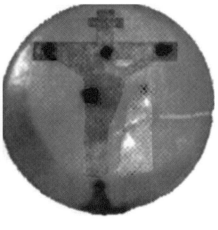

성체를 확대한 모습

3. 1993. 4. 14 성모님상 손에 문양이 있는 성체의 모습이 나타남

1993년 4월 14일, 율리아는 사제들을 위해 징표를 주시겠다는 성모님 메시지를 받은 후 비디오와 사진을 촬영하였는데 성모님 상의 손에 성체 모양이 선명하게 나타났다.

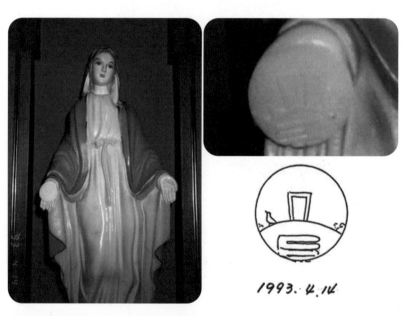

성모님 오른손에 나타난 성체   성모님 오른손에 나타난 성체를 확대한 모습

성모님 왼손에 나타난 성체

성모님 오른손에 나타난 성체

4. 예수님의 성혈 내려오심

✦ 2009. 10. 8 성모님동산 십자가의 길에 성혈을 흘려주심

10월 8일 목요일, 성모님 동산에 주님과 성모님의 내려주신 거룩하신 성혈뿐만 아니라 주님과 성모님을 따르는 순교 성인성녀도 나주 순례자들을 위하여 당신들의 순결한 피를 함께 흘려주시며 동행하셨습니다.

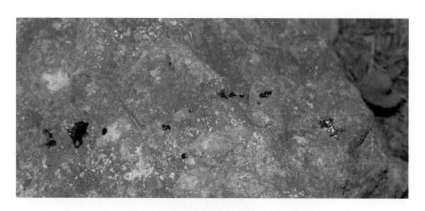

오후 3시 20분경 다가오는 토요일
기념행사를 준비하기위해 한 협력자가
십자가의 길을 청소 하고 있던 중
8처 앞에서 성혈을 발견 함

한 발자국씩 옮길때마다 점점이 성혈이내리신 것을 발견하여
아래에있던 다른 협력자들에게 연락함.
(검정 플라스틱 링으로 성혈이 내리신 자리를 따라가며 표시한 모습)

보도 블록에 내리신 성혈
(처음 목격자가 이미 확인하고 지나간장소에도
신부님이 오셨을때에 더 많은 성혈이 발견되어
새로이 링을 씌움)

다섯 방울 성혈 안에 성심 모양의 큰 방울 성혈(12처앞)

성혈은 8처에서 시작하여 14처까지 계속 되어 발견됨.
한 협력자는 성모님께서 함께 동반하심을 묵상하고 오열을 터뜨림.
(사진에는 안나왔으나 12처앞에서 v자형으로
두갈래 길을 보이며 성혈이 내리심)

45

너무나 많은 곳에 성혈이 내리셨기에 사진에 다 담을 수가 없었음.
검은 플리스틱 링으로 표시하던 한 협력자가
약 300여개의 링을 씌웠다고 전함.

극심한 고통중에 첫 목격자의 증언을 듣고 있는
율리아 자매와 협력자들.

목격자들이 증언을 하고 있는 모습. 한 협력자는 성혈을 목격한 후
끊어질 듯이 아픈 허리가 좋아졌으며
터질 듯이 아픈 머리가 맑아 졌다고 증언함.
또 한 봉사자는 "주님의 성혈로 영혼육신 치유 해 주소서."라고 기도하자
장미 향기가 나기 시작했으며 걸음을 옮기며성혈을 확인 해 나갈 때마다
장미 향기가 간간이 났다고 함.

흰 손수건으로 성혈을 찍어 육안으로 더 자세히 확인함.

신부님께서 성혈이 내리신 돌을 채취하는 모습.

성혈이 내리신 돌을 채취하며 경탄하는 율리아 자매와 협력자들.

　10월 8일 오후 3시경, 한 봉사자가 성모님 동산 십자가의 길 청소를 할 때 9처 보도블록에 내린 선명한 핏

자국을 발견하였습니다. 그 봉사자는 그 근처를 살펴보며 한 발 한 발 올라가 보았더니 방금 흘린 듯한 선혈이 계속 이어졌습니다. 그때서야 이 피들이 주님과 성모님께서 주시는 사랑의 징표임을 확신하고 밑에 내려와 그 사실을 알렸습니다.

동산에 계시던 신부님과 봉사자 순례자들 모든 분들이 단숨에 뛰어올라가 확인하기 시작했습니다. 신부님과 봉사자들은 성혈이 내린 곳을 찾아 검정색 링을 올려놓으며 올라갔는데 그런 중에도 성혈이 새로이 내려와 이를 목격한 신부님과 모든 이들이 주님의 성혈을 찬미하며 오열을 터뜨렸습니다. 이날 내려주신 성혈은 8처 앞 평평한 돌 위부터 시작되었는데 그 돌은 율리아 자매가 2001년 7월부터 십자가의 길을 하실 때 고통에 지친 몸을 그 위에 걸터앉아 기도하시던 장소였습니다.

8처에서 시작한 성혈이 15처에서 갈바리아 동산으로 내려가는 계단 있는 곳까지 일정한 모습을 보이며 이어졌는데 성혈을 표시한 검정색 링이 300개 이상 사용되었고 링 안에는 평균 3~4개 이상의 돌에 성혈이 내렸으니 어림잡아도 1,000개 이상의 돌과 낙엽 위에 성혈이 내렸습니다.

"이곳은 바로 내가 친히 너희와 함께 피 흘리며 걷는 십자가의 길이니 이곳에서 십자가의 길을 걷는 모든 이가 마음의 문을 활짝 열고 진심으로 나와 결합하기를 원하며 내가 받은 고통에 동참하여 기도하게 된다면 나를 만나게 되어 영혼 육신이 치유를 받게 될 것이다.

　사랑하는 세상의 모든 자녀들아! 나는 이천년이 지난 지금 이 시간에도 너희와 함께 하고자 이렇게 피 흘리며 너희에게 온 것이다.

　이제 더 이상 썩어 없어질 세상 것과 육신에 매달려 타협하다가 마지막 날 후회하지 말고 어서 내 어머니를 통하여 나에게 달려와 너희의 회개를 위하여 내 어머니와 내가 중언부언해가면서까지 일러준 메시지로 무장하여서 측량할 수 없는 십자가의 고통을 통하여 얻어진 구원으로 천국을 누리어라."

2002년 1월 18일 성모님 사랑의 메시지

2007년 10월 3일 오전 10시 반경에 성모님 동산
성모님의 동산에 순례 온 많은 분들과 그곳에 있던
30여명의 순례자가 함께 목격하였음

성혈이 묻은 돌을 확인하시는 모습

많은 양의 성혈이 묻은 돌

많은 양의 성혈이 묻은 돌

성혈이 묻은 돌을 채취하여 케이스에 담는 모습

성혈이 묻은 돌을
채취한 후 순례자들을
위하여 율리아 자매가
기도를 드리던 중
내려주신 황금빛 향유

내려주신 향유의 향기를
맡아보고 있는 순례자

많은 양의 황금빛 향유

링과 자갈위에 내려주신 향유

십자가의 길 9 처에서 성혈 돌을 채취하여
성혈 조배실 앞으로 내려와 성혈 조배실에 경배를 드리던 중
내려주신 향유를 순례자 모두가 목격하여 환호성을 지른 후
경배를 드리는 모습

성혈 조배실 앞에 내려주신 향유를 확인하는 모습

성혈 조배실 앞에 내려주신 많은 양의 향유

"나는 온 인류를 구원하기 위하여 지금도 이렇게 십자가 위에 못 박혀 피를 흘리고 있으며 그 사랑의 피가 헛되이 흐르게 하지 않는다. 너희들의 추한 때를 씻어주기 위한 수혈자다. 내 고귀한 성혈은 사제를 통해 병든 영혼을 눈뜨게 하며 잠자는 영혼을 깨워주는 특약인데도 어찌하여 마음 안에 습관적으로 무감각하게 나를 받아들이는지 몹시 안타깝구나. 나는 이 지상의 모든 영혼들 안에 내 사랑 전체를 쏟아주고 싶구나. 천상잔치에 참여하도록 도와다오."

1988년 6월 5일 예수님 사랑의 메시지

2001년 2월 28일 재의 수요일, 예수님께서 피로 물든 옷 가루를 율리아의 손에 쥐어주셨다. 모두들 깜짝 놀라 유심히 바라보고 있는데 그중 옷감에 대하여 잘 알고 있던 한 자매가 "아주 섬세한 조직으로 된 면 종류의 옷 같다."라고 말하였다.

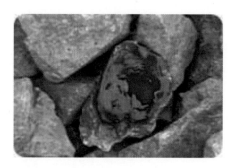

예수님께서는 당신의 고귀하신 성혈을 2001년 11월 9일 성모님 동산 십자가의 길에 가톨릭교회 역사상 처음 내

 려주셨으며 지금까지 8 회 이상에 걸쳐서 성혈을 흘려주셨는데 혈액형 검사 결과 AB형으로 밝혀졌다.

2002년 8월 15일, 내려주셨던 성혈이 2003년 1월 1일까지 총 140일 동안 응고되지 않고 계속 액화된 상태로 지속되어 예수님의 성혈이 살아있음을 보여주셨고

2006년 10월 19일, 율리아 자매가 갈바리아 십자가 예수님상 발의 못 자국에 손을 대고 기도하고 있던 순간 성혈이 율리아님의 손을 타고 팔꿈치까지 주르르 흘러내렸다.

"지금 내가 너희에게 보여준 성심의 상처에서 쏟아져 나온 보혈은 세상 모든 자녀들에 대한 무한한 자비와 깊은 사랑과 우정과 현존의 징표이다."

2002. 8. 15. 예수님 사랑의 메시지

· 검체 #1 : 2001. 2. 28. 재의 수요일. 예수님께서 율리아님
손에 쥐여주신 피로 물든 옷 가루

· 검체 #2 : 2002. 8. 15. 말레이시아의 도미니코 수 주교님
과 프란시스 수 신부님께서 목격하신 성혈이 묻
은 돌

· 검체 #3 : 2005. 4. 16. 강림하신 성체에서 5. 6. 성혈이 흘
러나옴

· 검체 #4 : 2006. 9. 17. 성혈조배실에서 흘려주신 성혈 묻
은 돌

· 검체 #5 : 2006. 10. 15. 율리아님 숙소 침대에 내려오시는
모습이 비디오 카메라에 촬영된 성혈

· 검체 #6 : 2006. 10. 19.
성혈 조배실에서 주사기로 채취한 성혈
(현재 액체상태 유지)

· 검체 #7 : 2006. 10. 19. 갈바리아 십자가상에서 율리아님
의 손을 타고 흐른 성혈 (현재 액체상태 유지)

· 검체 #8 : 2002. 8. 15. 말레이시아의 도미니코 수 주교님
과 프란시스 수 신부님께서 목격하신 성혈이 묻
은 돌 중 140일간 응고되지 않고 액화 상태를 유
지하며 살아 움직이셨던 성혈

✦ 검사 결과

　2006년 10월 24일에 서울에 있는 모 병원에서 10월 19일 의사가 주사기로 채취한 성혈인 검체 #6 과 갈바리아 십자가상에서 율리아님 손을 타고 흘러내린 성혈인 검체 #7을 검사하였는데 모두 AB Rh(+) 형으로 나왔다. 그리고 검체 #6, #7을 포함한 8개의 검체를 서울에 한 유전자 검사기관에 동일인 여부와 성별을 알기 위해 DNA 검사를 의뢰하였는데 검사 결과, "AB 혈액형을 가진 동일인 남성"으로 밝혀졌다.

　율리아의 입안에서 살과 피로 변화된 성체기적 때 (1995. 7. 2.) 프란시스 수 신부님께서 입안의 성혈을 손수건에 묻혔는데 이 손수건에 묻어있는 성혈을 2006년 11월 8일 DNA 검사 의뢰한 결과, 2006년 10월 24일 의뢰한 8개의 성혈 검체와 DNA가 정확히 일치하는 동일인 남성임이 DNA 분석을 통해 밝혀졌다. 검사를 시행한 수석 연구원은 유전자가 동일하게 나올 확률은 100억 분의 1 이하라고 하면서 "세상 어디에서 검사를 하더라도 똑같은 결과가 나올 것" 이라고 장담했다.

✦ 2006. 11. 1 성모님 동산과 율리아 자매의 거처에 내려 오신 성혈과 성체에서 흘러나온 성혈의 유전자 검사결과

피묻은 옷가루와 성체와 성혈의 유전자 검사결과,
AB 혈액형을 가진 동일인 남성으로 밝혀짐

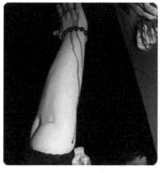

- 2001년 2월 28일 예수님께서 주신 피묻은 옷가루에 묻은 성혈,
- 2005년 5월 6일 성체에서 흘러나온 성혈,
- 성모님 동산과 율리아 자매의 거처에 내려오신 성혈, 모두가 DNA분석 결과 AB 혈액형을 가진 동일인 남성으로부터 나온 것임이 밝혀짐

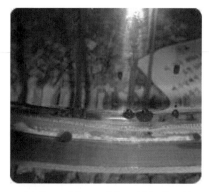

검체 #6 2006년 10월 24일, 서울에 있는 모병원에서 10월 19일 성혈조배실에서 흘려주신 성혈과

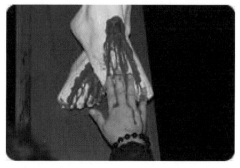

검체 #7 갈바리아의 십자가상 예수님의 발에서 흘러내린 성혈, 율리아 자매의 손을 타고 흘러 내린 성혈을 혈액형 검사한 결과 AB형으로 나옴 (참고로 율리아 자매님의 혈액형은 O형임)

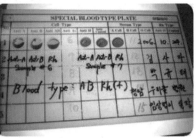

임상병리 실장이 두개의 성혈 검체가 똑같은 AB형이라고 설명하고 있음

같은 날 10월 24일, 동일인 여부와 성별을 알기 위해
아래의 8개의 항목을 서울에 위치한 유전자검사 기관에
DNA 검사를 의뢰함.

검체 #1 : 2001. 2. 28.
예수님께서 율리아에게 준
피 묻은 예수님의 옷가루

검체 #2 : 2002. 8. 15.
말레이시아 도미니코 수 주교님
께서 목격하신 성혈이 묻은 돌

검체 #3 : 2005. 5. 6
2005. 4. 16일 내려주신 성
체에서 2005년 5월 6일 흘
러나온 성혈

검체 #4 : 2006. 9. 17.
성혈조배실에서 흘려주신
성혈이 묻은 돌

검체 #5 : 2006. 10. 15.
율리아 자매의 침대에 내려오
시는 모습이 비디오 카메라에
촬영된 성혈

검체 #6 : 2006. 10. 19.
성혈조배실에서 주사기로 채취
한 성혈(현재 액체상태 유지)

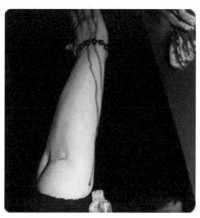

검체 #7 : 2006. 10. 19.
갈바리아 십자가상에서 율리
아 자매의 손을 타고 흐른 성혈
(현재 액체상태 유지)

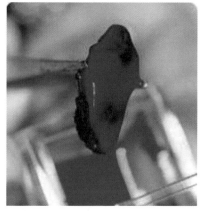

검체 #8 : 2002. 8. 15.
말레이시아의 도미니코 수 주
교님이 목격하신 성혈이 묻은
돌 중 140일간 응고되지 않
고 액체상태를 유지하며 살아
움직이셨던 성혈

성혈에 대한 유전자 검사를 준비하고 있는 대표이사와 수석 연구원

　2006년 10월 24일, 서울 우리들병원에서 성혈검체 6번과 7번의 혈액형이 AB형임을 먼저 확인한 후, 같은 날 동일인 여부와 성별을 알아보기 위해 경찰청주관 유전자감식기관으로 선정된 유전자 검사기관에 총 8개의 검체를 의뢰하였는데, 그 목적은 동일인 여부와 성별을 알기 위해서였다.

　2006년 11월 1일 유전자 분석결과가 나왔는데, 모두 동일인이며 성별은 남자로 나왔다. 즉, 총 8개의 성혈검체의 주인은 AB혈액형을 가진 동일인 남성임이 유전자 분석을 통해 밝혀졌는데, 검사를 시행한 수석 연구원은 세상 어디에서 검사를 하더라도 똑같은 결과가 나올 것이라고 장담했다.

　(유전자가 동일하게 나올 확률는 100억분의 1 이하라고 함)

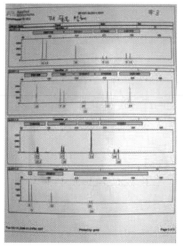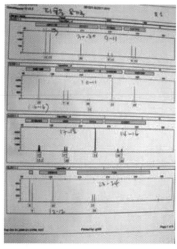

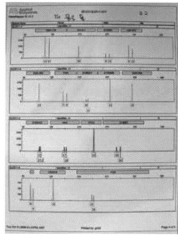

이름	검체 #1		검체 #2		검체 #3		검체 #4		검체 #5		검체 #6		검체 #7		검체 #8	
성별	XY		XY		XY		XY		XY		XY		XY		XY	
	대립유전자	대립유전자	대립유전자	대립유전자	대립유전자	대립유전자	대립유전자	대립유전자	대립유전자	대립유전자	대립유전자	대립유전자	대립유전자	대립유전자	대립유전자	대립유전자
D8S1179	11	13	11	13	11	13	11	13	11	13	11	13	11	13	11	13
D21S11	30	30	30	30	30	30	30	30	30	30	30	30	30	30	30	30
D7S820	9	11	9	11	9	11	9	11	9	11	9	11	9	11	9	11
CSF1PO	9	11	9	11	9	11	9	11	9	11	9	11	9	11	9	11
D3S1358	15	15	15	15	15	15	15	15	15	15	15	15	15	15	15	15
TH01	7	9	7	9	7	9	7	9	7	9	7	9	7	9	7	9
D13S317	10	11	10	11	10	11	10	11	10	11	10	11	10	11	10	11
D16S539	11	11	11	11	11	11	11	11	11	11	11	11	11	11	11	11
D2S1338	19	19	19	19	19	19	19	19	19	19	19	19	19	19	19	19
D19S433	15	15.2	15	15.2	15	15.2	15	15.2	15	15.2	15	15.2	15	15.2	15	15.2
vWA	17	18	17	18	17	18	17	18	17	18	17	18	17	18	17	18
TPOX	11	11	11	11	11	11	11	11	11	11	11	11	11	11	11	11
D18S51	14	16	14	16	14	16	14	16	14	16	14	16	14	16	14	16
D5S818	12	12	12	12	12	12	12	12	12	12	12	12	12	12	12	12
FGA	23	24	23	24	23	24	23	24	23	24	23	24	23	24	23	24

　1995년 7월 2일 성모님 눈물 10주년 기념 기도회 때 강림하셨던　7개의 성체를 주교님의 명에 의하여 영하였는데 마지막으로 7번째 성체를 율리아가 영했을 때 살과 피로 변화되었으며 입안의 성혈을 말레이시아 수신부님께서 손가락으로 찍어 모두에게 확인시킨 후 손수건에 찍어 보존하였는데 이 손수건에 묻어있는 성혈을 2006년 11월 8일 DNA 검사 의뢰한 결과, 2006년 10월 24일 의뢰한 8개의 성혈검체와 DNA가 정확히 일치하는 동일인 남성임이 DNA분석을 통해 밝혀졌다.

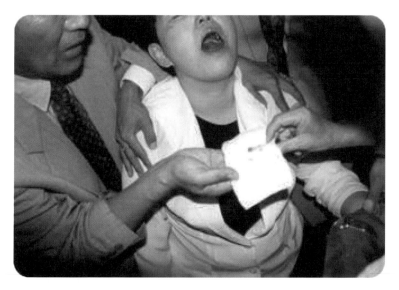

율리아 자매

말레이시아의 수 신부님

5. 검사 결과

이름	검체 #1	
검체	혈액	
성별	XY	
	대립유전자 1	대립유전자 2
D8S1179	11	13
D21S11	30	30
D7S820	9	11
CSF1PO	9	11
D3S1358	15	15
TH01	7	9
D13S317	10	11
D16S539	11	11
D2S1338	19	19
D19S433	15	15.2
vWA	17	18
TPOX	11	11
D18S51	14	16
D5S818	12	12
FGA	23	24

72

5. 성모님의 눈물과 피눈물

✦ 성모님은 1985년 6월 30일 밤 처음 눈물을 흘리셨다.
그리고 1986년 10월 19일 처음 피눈물을 흘리셨다.

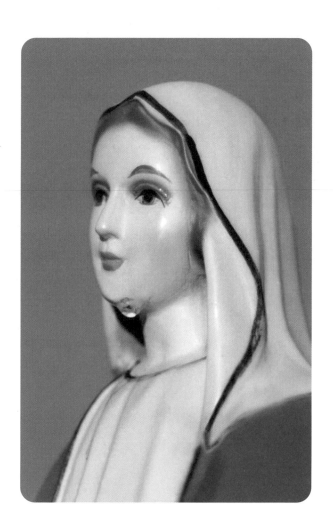

www.najumary.or.kr

www.najumary.or.kr

najumary.or.kr

79

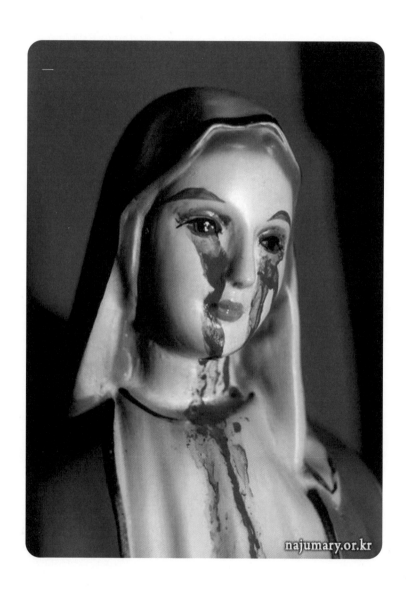

6. 성모님상에서 흘려주신 향유

www. najumary.or.kr

www. najumary.or.kr

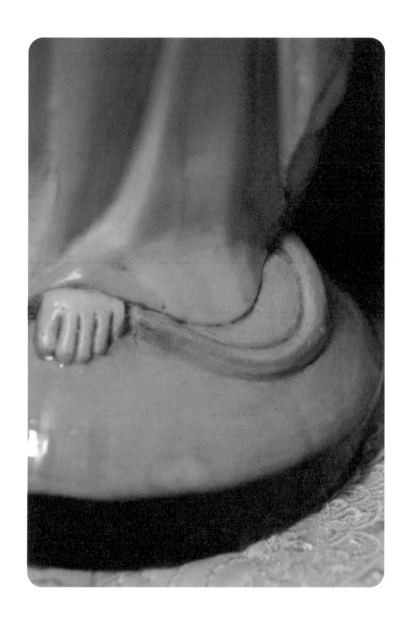

7. 태양의 기적

www. najumary.or.kr

86

87

8. 율리아 자매가 받은 오상의 성흔

1996년 7월 2일 낮 1시경(1)
율리아 자매의 양 손에 나타난 성흔
영성신학자 파 레몬드 신부님이 확인하고 있다.

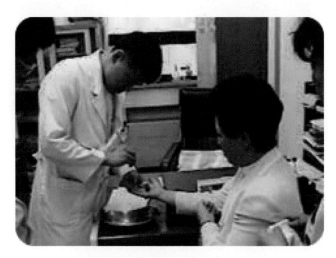

1996년 7월 2일 오후 4시경(2)
광주 종합병원인 남광병원에서
의사의 검사를 받고 있는 모습

소 견 서

성 명	원 홍선	성 별	여자
병록번호		진료과	신경외과

병 명:

진료소견내용 :

상기 4○세 여자분은 양손바닥 출혈로
본원 외래로 방문 하였다.
이학적 검사; 양 손바닥 중앙에 응고된 혈혈액 이 3×3cm
정도의 크기로 보였고 여러번 출현한 양상 이었다.
우측의 손바닥중앙의 혈혈액을 리산하수소수와 보락산으로
제거해 보았다   응고된 여러중앙우되여 6~8개의
1mm크기의 작은 붉은 반점들이 어렸못이 십자가
모양측 (1 × 0.5 cm크기) 이루고 있었다.
이 붉은 반점은 1mm 크기의 경양 라 주위에 무쉬기를
대부분 보였다.
의학적답안: 이런 작은 크기의 상처로 다량의 출혈로는
불가능 근거으로 사료되여 출혈에 상당한
리상의 론적이 없으므로 의학적으로 선명하기
어려운 상황입니다.

의사면허번호: 34189
성   명: 이 하상 (인)

1996. 7. 2
17시 30분

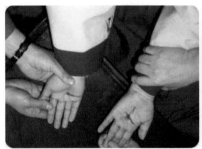

1988. 1. 29.
양손에 나타난 성흔

1988. 2. 4.
양손에 나타난 성흔

1996. 7. 1.
오상의 성흔 (1)
낮 12시 30분 경부터
율리아 자매는
오상 고통을 받았다.
이 사실을 파 레몬드
신부님과 말레이시아
의 수 신부님 그리고
여러 교우들이 목격하
였다.

1996. 7. 1.
오상의 성흔 (2)
낮 12시 30분 경부터
율리아 자매는
오상 고통을 받았다.
이 사실을 파 레몬드
신부님과 말레이시아
의 수 신부님 그리고
여러 교우들이 목격하
였다.

1996. 7. 1.
오상의 성흔 (2)
낮 12시 30분 경부터
율리아 자매는
오상 고통을 받았다.
이 사실을 파 레몬드
신부님과 말레이시아
의 수 신부님 그리고
여러 교우들이 목격하
였다.

1996. 7. 2.
양손에 나타난 성흔(1)

1996. 7. 2.
양손에 나타난 성흔(2)
낮 1시경 우셨던 성모님
상을 모신 제대 앞에서
파 신부님과 율리아 그
리고 교우들이 기도 드
리고 있었는데 예수님의
십자가상으로부터 내려
온 빛을 받은 율리는 비
명을 지르며 쓰러졌는데
어제 받았던 고통과 똑

같은 고통을 받았다. 그 때 양 손에서 또 다시 피가 솟아나와 장갑을 낀
손 바닥의 흰 천에 벌겋게 물들었다.

9. 율리아 자매의 몸에서 나온 향유와 성모님이
율리아에게 주신 향유

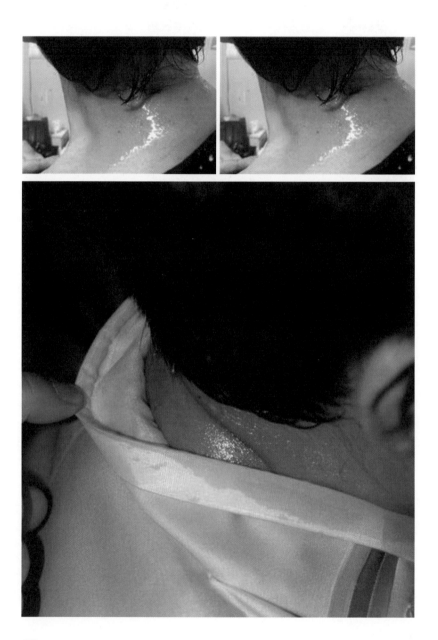

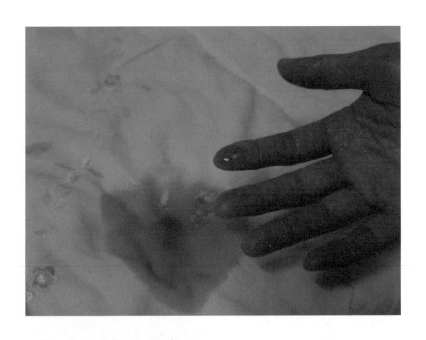

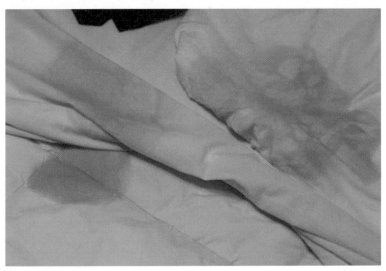

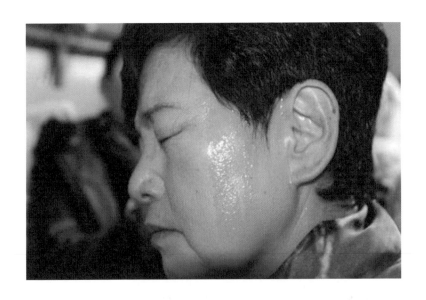

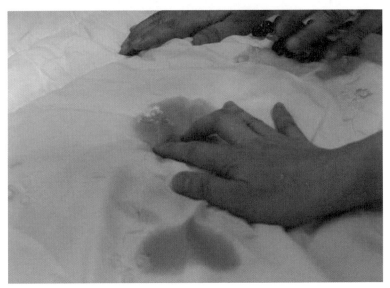

10. 나주에 순례 오시거나
기적의 징표를 체험하신 분들 (1)

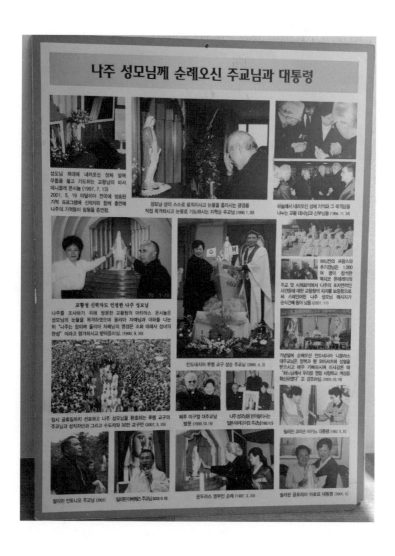

11. 나주에 순례 오시거나
기적의 징표를 체험하신 분들 (2)

나주 성모님과 교황님, 추기경님, 주교님들

나주성모님과 율리아 자매님을 위로하시고자 교황님께서 나주에 파견하신 개인 비서 빈센트 투 몬시뇰 (1995. 9. 19)

교황청 미사에서 성체 기적을 목격하고 감복하시는 교황님 (1995. 10. 31)

나주 성모님 책자를 유심히 보시는 이반 디아스 주한 교황대사님(1988. 6)

※ 현재 교황청 인류복음화 성성의 장관이신 이반 디아스 추기경님은 2007. 12 교황청을 방문하신 한국 주교단 앞에서 공식적으로 나주 성모님을 받아들이도록 촉구하시고, 신앙교리성과 협의하여 2008. 4 신앙교리성성에서 나주 문제를 정식으로 심사하도록 나주에서 일어난 모든 기적에 대한 자료를 이첩하셨음.

※ 또한 바오로 2세 교황님께서는 1996. 3 교황청을 방문한 인천교구장 나 굴리엘모 주교님께 "나도 (1995. 10. 31) 율리아의 입에서 살과 피로 변화된 성체의 기적을 보았다."라고 말씀하셨음.

광주 교구장의 교령에도 나주를 순례하여 십자가를 지신 인도네시아 봄분 대주교님(2008. 10. 19)

미사 때 율리아님이 모신 성체가 살과 피로 변화되는 기적을 목격하신 카나다 다닐랙 주교님(1995. 9. 22)

나주성모님을 믿고 사랑하시는 인천교구장 나 굴리엘모 주교님 (1993. 4. 2)

필리핀 전역에 나주 성모님 전파를 허락하신 신추기경님과 함께 (1992. 5.17)

집전하신 미사에서 일어난 성체기적(1996. 9. 17) 주교님은 이를 참다운 기적으로 인정하고 교황청에 보고

율리아 자매님을 통한 강복미사시 수 주교님이

12. 율리아 자매의 낙태보속 고통 봉헌; 십자가의 길 기도 중 자관 고통 봉헌

"낙태로 인하여 많은 영혼들이 지옥의 길을 향하고 있다. 그 수많은 영혼들을 구하기 위하여 나는 이렇게 눈물로 호소하지 않으면 안 되는구나. 너를 통하여 너의 희생, 보속을 통하여 그들의 영혼을 구하고자 한다. 참아받는 너의 아픔, 고통을 내 어찌 모르겠느냐! 자! 낙태, 무자비한 부모들의 무지한 소치로 버림받은 영아들의 고통에 동참하겠느냐?"

(1987.5.12)

"산아제한, 낙태 때문에 내 배가 찢어질 듯이 아프다. 인간의 잔인성, 모독 때문에 생명의 존귀함을 착각하고 한낱 핏덩어리로 인간의 존엄성을 약탈당한 어린 생명들이 림보에서 헤매고 있다. 기도하며 그들의 상처를 위로해 주며 밤중에 일어나는 죄악들을 대신 기워 갚도록 해다오."

(1986.11.5)

"무절제한 산아제한으로 나의 가슴은 몹시 아프다. 낙태수술을 막고 그들(낙태를 자행하는 자들)을 위해서 기도하여라."

(1985.7.18)

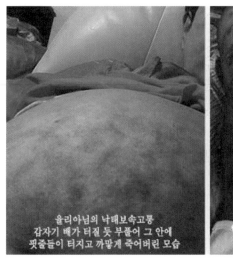

율리아님의 낙태보속고통
갑자기 배가 터질 듯 부풀어 그 안에
핏줄들이 터지고 까맣게 죽어버린 모습

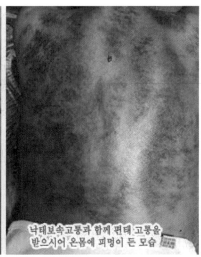

낙태보속고통과 함께 편태 고통을
받으시어 온몸에 피멍이 든 모습

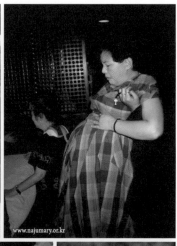

율리아님의 가시관 고통
Julia's pain of crown of thorns

십자가의 길 기도 중 율리아님이 가시관 고통을 받을 때 흘린 선혈이 뚝뚝 떨어져 내린 성모님 티셔츠

Julia's T-shirt was stained with her dripping fresh blood caused by the pains from the crown of thorns.

100

13. 1995년 6월30일(7월1일새벽)성체강림:

According to the i
Jesus, Julia delive
Pope Benedict X
attentively and a
with utmost care

95. 7. 1.

95. 7. 2.

성체가 살과 피로 변화된 첫 번째 기적
May 16, 1991 The First Miracle that Eucharist
changed into Flesh and Blood in Julia's mouth

신 10주년 기념일
상 미사 중에 영한
살과 피로 변화됨
30분)

ged into Flesh and Blood
rish Church on the 10th
weeping Tears. (7:30 p.m.)

▲ 나주성모님 눈물 흘리신 10주년 기념일에
국내외 순례자들 1,000여명이 모여 기도할 때
눈물 흘리셨던 성모님상 위의 십자가에서 7개
의 작은 성체가 내려오셨다. (새벽 3시 40분)

When about 1,000 pilgrims at home and abroad
gathered and prayed on the 10th anniversary of the
Blessed Mother's weeping Tears in Naju, seven small
Sacred Hosts came down from the Crucifix above the
weeping statue of the Blessed Mother. (3:40 a.m.)

▲ 율리아님은 7개의 성
말씀에 기적의 성체를 보려
수 신부님을 시작으로 ㅁ
아님이 모셨는데 살과 피
수 신부님께서 입에 남이
데 피와 살이 묻어 나옴을
는 한 외인이 산소 호흡기
는데 신부님이 성혈을
창백하게 숨이 넘어가던
를 받았다. 수 신부님은
입안에 상처가 없음을 홀
(저녁 10시경)

Julia cried out with a s
because she couldn't
the Miraculous Eucha
cause her parish priest
those seven Sacred Host

After Fr. Su received
Heaven for the first tim
It changed into Flesh a
Fr. Su dipped his finger
left in her mouth and s
nessed the Blood and F

There happened to be

14. 율리아 자매가 메시지 받을 때의 뇌파 검사

spurting from Julia's head   down from Julia's neck and chest

시현자가 참임을 증명하는 뇌파검사
Test of brain waves verifying whether the visionary is authentic

뇌파 검사를 주관한 리카르도 박사는 신경 정신생리학 교수로서 이탈리아, 독일, 볼리비아에 있는 여러 대학의 교수를 역임했다. 뇌와 인간행동, 신경계에 대한 많은 책과 논문을 발표했고 그의 저서는 대학에서 교재로 사용되고 있다. 가톨릭교회는 그에게 발현과 기적들에 대한 진위 조사를 의뢰할 정도다.

그는 뇌파 검사를 통해서 메시지를 받거나 현시를 보는 것이 초자연적인 기원에서 오는 것인지, 뇌의 질환이나 정신병에서 오는 것인지 확인이 가능하다고 한다. 4가지 뇌파 중 델타파는 혼수상태, 신생아에서 나타나는데, 시현자가 예수님을 보거나 목소리를 듣는 바로 그 순간에도 델타파가 발생한다.

자극을 통해 델타파를 나오게 하거나 거짓으로 델타파를 만들어내는 것은 불가능하며 명료한 의식이 있고 대화를 하고 있는 사람에게서 델타파가 나온다는 것은 과학적으로 모순이기에 델타파는 시현자가 참임을 입증하는 중요한 시사점이 된다.

박사팀은 율리아님의 뇌파가 정상이라는 것을 확인한 후, 실험에 들어갔다. 검사를 함께 시행한 한국인 신경과 의사에게 "완전히 깨어있는 사람에게서 델타파가 나오는 게 가능합니까?" 하는 물음에 단호하게 "불가능합니다." 하였다. 하지만 율리아님은 깨어 있는 상태에서 선명한 델타파가 2~3개까지 나타났다. 이는 의학적, 과학적으로 설명이 불가능하기에 리카르도 박사는 펄 듯이 기뻐하며 "이제 세상 그 어느 누구도 율리아님에게 정신병자라고 할 수 없습니다!!!" 라고 천명했다.

▲ 2002. 1. 7. 광주의 호남 병원에서 율리아님이 뇌파검사를 받는 모습
On Jan. 7, 2002, Julia's brain waves were tested at Honam Hospital, Gwangju.

Dr. Ricardo who conducted the brain wave test holds a Ph.D. degree in neuropsycho physiology, and taught at several universities in Italy, Germany, and Bolivia. He has published many books and articles on the relationship between human brains and human behavior, and nervous system. His publications are widely used as teaching materials in universities. The Catholic Church asks him to investigate the validity of the apparition and miracles.

According to him, it is possible to determine, through examining the brain waves, verifying whether the messages and visions are coming from a supernatural source or caused by some cerebral disease or mental illness. Among the 4 brain waves, delta waves appear during ecstasies or unconsciousness like coma and also in newly-born babies. At the very moment the visionary sees Jesus or hears His voice, delta waves appear as well.

It is impossible to make delta waves through stimulation or to fake it. It is a scientific contradiction that the person, who has clear conscience and conversation with someone, has delta waves. Therefore, delta waves become a significant implication to prove that the visionary is authentic.

First, it was tested whether Julia's brain waves were normal, then, specific tests were conducted. The doctor asked the neurologist who was examining together, "Is it possible that Delta waves appeared on the person who is fully awake?" The doctor answered firmly, "Impossible." But in Julia's case, two or three delta waves clearly appeared despite her awaken state. This can't be explained by Medicine or Science. Dr. Ricardo was so happy to clarify, "Now, nobody in the world can say that Julia is a mentally-disordered person!!!"

15. 사랑의메시지 여러나라 번역본들

각국 언어로 번역된 사랑의 메시지 책자들
Messages of Love translated
into various languages

2015년 3월 22일
March 22, 2015

전소된 경당에 전시되었던 각국 언어로 번역된 사랑의 메시지 책자들

The debris of books 'Messages of Love,' translated into various languages for display in the Chapel

지금은 묵시록 시대

성 교회(聖敎會) 안에 침투한 프리메이슨

| 헌 사 |

"나는 너를 여자와 원수가 되게하고
네 후손도 여자의 후손과 원수가 되게 하리니
너는 그의 발꿈치를 물려고 하다가 도리어
여자의 후손에게 머리를 밟히리라. "

-창세기 3장 15절-

"사랑하는 나의 자녀들아!
지금 이 시대는 마지막을 경고하는 신호음이
마귀와 합세하는 이들을 통해서
벌써 조종(弔鐘)처럼 울리고 있는데
대다수의 세상 자녀들은 눈멀고 귀멀어
세상을 덮치는 큰 재앙들이 이미 발등에 떨어졌는데도
안일하게 나와 내 어머니의 사랑의 메시지를
받아들이지 않고 있으니 내 마음은
정의의 불로 활활 타오르는 활화산이 되고 있구나."

-사랑의 메시지 2001년 10월 19일-

┃ 머 리 말 ┃

✦ 찬미예수님, 찬미성모님! ✦

지구상에서 인류가 문명을 시작한 시기가 언제인지 정확하게 알 수는 없지만 작금의 돌아가는 시대상황을 볼 때 그 문명도 종말을 향해 가고 있으며 지금이야말로 마지막 때가 아닌가 하는 생각이 요즘 처럼 현실적으로 다가오는 때도 없었던 것 같습니다.

성모님께서 세상 마지막 때에 닥쳐올 환난을 경고하시며 포르투갈 파티마에서 발현하신 때가 1917년이니 그 후 106년이 지난 현재의 시점에서 우리는 재난의 전조를 날마다 실감하고 있습니다.

세계 각처에서 일어나는 코로나19 펜데믹과 불치병들, 우크라이나전쟁을 포함하여 이미 체르노빌과 후쿠시마 핵발전소폭발, 지진, 해일, 홍수, 가뭄, 폭염폭우폭설 등 이상기후에 화산폭발, 공해, 대형산불 그리고 세월호와 이태원 참사 등 예수님께서 마태오복음 24장에서 예시(豫示)하신 대재난이 눈앞에서 현실이 되고 있습니다.

현재까지 교회 안에서 수세기 동안 있어왔던 성모님 발현의 역사적 의미를 생각해 보면 한국 나주에서의 성모님 발현은, 동시대가 예수께서 예시하신 대재난의 현

106

상과 자연질서의 파괴, 그리고 세계적으로 물신숭배와 무신론의 만연, 빈부격차의 확대, 테러와 살인, 낙태와 동성애 같은 인간성 상실과 타락의 말세적 현상을 보이고 있음에 대한 절박한 성령의 시대적 요청임을 우리는 성모님께서 주신 '메시지'를 통해서 잘 알 수 있습니다.

1985년 6월 30일 나주의 율리아 자매가 모시던 성모상에서 눈물이 흐르기 시작했고 7월 18일 성모님께서 첫 메시지를 주시기 시작한 이후 38년이 넘는 지금까지 긴 세월에 걸쳐 마지막 때에 관한 '메시지'를 주고 계시며 아울러 주님과 성모님께서 교회 역사상 전대미문(前代未聞)의 여러 가지 기적의 징표를 주심으로써 그 메시지들의 초자연성과 중요성을 확인하여 주셨습니다.

지금은 세상을 정복하려는 사탄과의 전투가 치열하게 벌어지는 중대한 시기입니다. 그럼에도 불구하고 하느님을 멀리한 대타락의 위협과 멸망의 위험에 처한(사랑의 메시지 2011년3월10일) 인류를 하느님의 의노로부터 구하고자 발현하신 성모님의 원의(原義)는 안타깝게도 여전히 성교회로부터 인준 보류되어 있는 실정입니다.

성모님께서는 이 마지막 때에 성모님의 나주 발현과 전대미문의 기적들이 성 교회(聖敎會)에 받아드려질 때 하느님의 진노의 잔이 축복의 잔으로 바뀌게 될 것이라고 말씀하셨습니다. 그리고 이 마지막 전투의 시기에 주님과 성모님이 주시는 '사랑의 메시지'를 받아들이지 않고 재난의 경고를 무시한다면 하느님께서 무서운 재앙을 내릴 것이니 재앙이 내리지 않도록 매 순간 생활의 기도로 무장하라고 하셨습니다.(사랑의 메시지 2011년3월10일)

　성모님의 나주발현의 진실성을 직접 체험하여 잘 알고 있는 저희는 당시 광주교구의 오해와 무성의로 인하여 빚어진 '인준 보류'에 대해 안타까운 심정을 금할 수 없지만, 사람이 해결할 수 없는 일도 하느님은 하실 수 있다는 믿음으로 오로지 성모님 앞에 마음 모아 기도하는 수 밖에는 없지 않겠습니까!
　저는 비록 성모님의 말씀에 온전히 순명하지 못한 죄인이지만 최선을 다해 '사랑의 메시지'를 널리 알리기 위하여 '프리메이슨(마쏘네)'를 소재(素材)로써 글을 쓰게 되었으며 그리고 각별히 "나주성모님의 인준과 승리"를 위하여 이 글을 하느님께 봉헌합니다.
　보잘 것 없는 글이지만 함께 묵상하시어 주님께는 영광이, 성모님께는 찬미가 되고, 성모님의 원의에 따라 마지막 때를 준비하시는 형제자매님들에게는 조금이나마 신앙의 유익이 되고, 일생을 통해 대속고통을 봉헌하시는 율리아님에게는 힘과 위안이 되기를 하느님께 간절한 마음으로 기도드립니다.

　이 책 〈지금은 묵시록시대-성 교회(聖敎會) 안에 침투한 프리메이슨〉에 실린 글들은 '나주성모님동산' '자유게시판'에 2014년부터 몇년 간에 걸쳐 발표했던 글들을 수정 보완하여 몇 편 추려서 엮었습니다. 그리고 이 글을 쓰기 위해서 필요한 프리메이슨에 관한 정보와 지식은 선학들께서 공부하시고 인터넷 사이트를 통하여 제공해 주시어 이미 일반적으로 알려진 객관적인 자료들을 사용하였으므로 굳이 인용부호와 인용처를 명기하지 않았습니다.

예를 들면, 역대교황님들의 프리메이슨관련 칙서와 단죄문, 프리메이슨 정보, 세계단일국가 형성과 관련된 로스차일드가와 금융세력들의 민간중앙은행설립, 단일국가운영을 위한 마이크로칩이용에 관한 정보와 지식 등입니다. 이점 양해해 주시기 마지 않으며 주요문헌자료는 〈가톨릭신구약 공동번역성서〉, 나주에서 발현하신 예수님과 성모님께서 율리아자매에게 주신 〈나주 성모님 사랑의 메시지〉, 그리고 성모님께서 스테파노 곱비 신부에게 주신 메시지 〈지극히 사랑하시는 아들 사제들에게〉입니다.

끝으로, 이 글을 보시는 모든 분들에게 주님의 사랑이 함께 하시기를 기원하며 "설한풍(雪寒風)은 겨울이요, 새싹이 돋아나면 봄이 온 줄을 알면서도 너희는 왜 이러한 표징들이 대환난의 시작이라는 걸 모르느냐! 이러한 여러 가지 표징들은 대환난의 때가 다가왔다는 것을 너희는 알아야 한다. 사랑하는 나의 아들딸들아! 암흑과 불과 피의 벌을 자초하지 말아라."(사랑의 메시지 1994년2월3일)고 하신 성모님의 말씀으로 머리말을 마칩니다.

율리아자매가 대속고통 중에도 예수님의 지시대로
정성을 다해 그린 '나주에서 발현하신
영광의 자비의 예수님 성화'를 바라보면서,
2023년 10월 이은의 요아킴 배상

목 차

2부

회개(悔改)와 보속(補贖)만이 살 길이다

1부

지금은 묵시록 시대-
성 교회(聖敎會) 안에 침투한 프리메이슨

서 론

현대 가톨릭교회에 스며든 어둠의 존재

"지극히 위험한 시대에 그(교황)는 내 목소리를 알아듣고, 심각하게 오염된 내 아들 예수의 복음과 사도로부터 이어오는 유일한 교회인 가톨릭의 정통 교리를 수호하고자 불철주야 기도하며 노력해왔다. 그러나 교회의 심장부까지 깊숙이 침투한 '마쏘네'의 공작은 집요하고도 끈질겨, 백척간두의 외로움 속에서 고군분투하고 있으니, 하느님조차 위로받으시는 너(율리아)의 두벌주검에 이르는 고통들을 그를 위해 봉헌해 주기 바란다."

(사랑의 메시지 2007년 6월 30일)

예수 그리스도께서 인류를 구속(救贖)하기 위하여 피 흘려 이루신 십자가 수난과 부활의 역사적 사건 이후, 제자들은 예수님의 말씀에 순명하여 베드로를 반석으로써 교회를 세웠습니다. 제자들은 일찍이 인류역사에 없었던 새로운 교의(教義)의 유일신(唯一神) 가톨릭교회를 세웠던 바, 이 교회는 세상에서 비교할 수 없이 무한히 거룩하고, 정의롭고, 자비로운 보편교회로서, 세속적인 삶에 취약한 인간 본성을 '그리스도의 희생과 사랑'에 호소함으로써 전 세계에 12억 명이 넘는 신자들을 보유한 세계종교가 되었습니다.(동방정교회와 프로테스탄트 교회들의 신자 수는 제외)

그러나 이 그리스도교는 창립 이후부터 동시대에 이르기까지 고유한 진리와 교리를 보전하는 데에, 많은 이단 사설에 의해 시달려 왔습니다. 종교사상의 관점에서 살펴보면, 무신론, 범신론, 이신론(理神論), 상대주의, 자유주의, 종교다원주의 또는 진화론 같은 유물론 사상들이 외부로부터 가톨릭교회 안으로 깊숙이 파고들어왔습니다. 이 사상들은 지난 2천년 동안 역사의 시공간을 지켜 온 그리스도교의 절대진리를 무너트릴 위세를 보이며, 이제는 돌이킬 수 없는 현대의 신앙적 사조가 되어, 불가항력적인 모습으로 우리 앞에 나타나고 있습니다. 그것들은 과학, 이성, 합리주의라는 이름의 현대주의사상과 인본주의문명을 통해, 효경(孝敬)과 충절(忠節)의 신본주의정신을 인간의 머릿속에서 빠른 속도로 씻어 내고 있습니다.

현대인들은 흔히 이 시대를 말세라고 말합니다. 사람들은, 신을 믿든 안 믿든, 그리고 종파를 불문하고, 이 시대가 전 지구적으로 말세의 징조를 보이고 있다고 말합니다. 특히 20세기 초반과 중반에 걸친 양차 세계대전 그리고 수많은, 크고 작은 지역 전쟁들을 겪으면서 인류가 '인간성의 상실'을 경험하고 있음을 사회학자들은 인정합니다. 온갖 죄악이 넘쳐흘러 하느님의 심판을 부르지 않을 수 없었던 소돔과 고모라 때 보다 더 타락했다고 합니다. 타락을 타락으로 보지 않고 인간 자유의 확장으로 여기는 도덕적 일탈과 해이 또한 넘쳐나고 있습니다.

오늘날 우리 가톨릭 신자들은 이렇듯 괴이한 종교 환경 아래, 심각한 신앙의 위기 속에서 살고 있습니다.

첫째, 정신적인 면에서 보면, 현대사회에 만연된 황금 만능주의와 기계물질문명이 피할 수 없는 운명처럼 현대인의 일상생활을 지배하는 가운데, 신자들 또한 안락한 세속에 젖어 신앙과 진리의 확신을 잃어버린 채, 자신도 모르게 위험한 배교의 함정 앞에 놓여 있는 것입니다.

둘째, 영신적인 면에서 보면, 교회 내부에 파고든 오류로서, 그리스도교리의 핵심인 하느님의 구원 진리, 예수의 계시 말씀, 예수의 천주성(신성), 그리고 유일한 사도전승의 전례 등에 자연주의적이고 합리주의적인 해석을 붙여 가톨릭교회와 교회성사 그리고 교리 전반에, 진리의 훼손과 오류가 확산됨으로 말미암아 많은 신자들이 거짓된 영성에 물들어 참 신앙에서 멀어지게 만드는 것입니다.

그러면 도대체 어떤 존재가 이 시대를 횡행하며 우리들의 신앙의 눈을 멀게 하고 종국에는 우리들을 오류와 배교의 나락으로 떨어지게 할까요?

역대 교황님들은 사도로부터 전래된 정통교리의 수호자로서, 교회의 심장부까지 파고든 어둠의 존재가 바로 "프리메이슨"이라는 사실을 파악하고 그들을 제거하기 위하여 분투(奮鬪)하셨습니다.

"지금은 '마쏘네'의 공작에 의하여 세상이 어둠에 싸여 분열이 신성한 조직에 까지 상처를 입히고 혼란의 씨를 뿌려 환상적인 학설로 많은 영혼들이 유혹을 당하고 있지만..."
(사랑의 메시지 1996년 10월 19일)

교황님들뿐만 아니라, 이처럼 교회 안에서 진행되어 가고 있는 내적 타락을 몹시 안타깝게 여기신 분이 계시니, 그분은 다름 아닌 나주에서 발현하신 성모님이신 바, 우리는 성모님이 주신 "사랑의 메시지"를 함께 묵상하면서 과연 "마쏘네"가 마지막 때에 어떤 일들을 할 것인지 역사를 통해서 자세히 알아보도록 하겠습니다.

성모님께서는 '교회 안에 침투한 프리메이슨'을 '마쏘네'라고 칭하셨습니다 즉, '반교회비밀결사'로서 그리스도교를 파괴할 목적으로 '교회 내부에 침투한 세력'을 '마쏘네'라고 하셨습니다. 그리고 교회 밖에서 활동하며 궁극적으로 국가와 사회 전체를 파괴하는 비밀결사체는 '프리메이슨'이라고 부르셨습니다. 그러므로 성모님께서는 '마쏘네'와 '프리메이슨'을 정확히 구별하여 호칭하셨으나 교황님들은 일반적인 용어인 '프리메이슨'을 통칭하여 사용하였습니다.

본 론

———— ✦ ————

어둠의 정체, 활동 그리고 목적

1. 교회 안에 스며든 검은 연기

"세상의 모든 자녀들아 사랑에 근거를 둔 나의 말을 어서 어서 온 세상에 힘차게 전하여라. 주춤해서는 안된다. 골육상전의 분쟁들, 이단행위를 하며 교회를 분열시키고 혼란을 주는 무리들, 나의 호소에 무관심한 교회, 이미 여러 모습으로 세상을 뒤집어 놓은 사건들, 이러한 냉혹한 세상은 벌써 '마쏘네'에 의해 파멸에 이르고 있으나 이 엄청난 배교에 대하여 일부 주교들과 성직자들과 수도자들, 그리고 수많은 내 백성들은 간교하고 사악한 사탄의 계략으로 죄 중에 살면서도 죄인인 줄 모르고 지옥의 길을 향해 가면서도 사탄은 그것이 진정한 가치이며 선이라고 생각하도록 이끌어가기에 깨어있지 않고서는 너희가 전혀 모르고 있으니 나의 마음이 타다 못해 피를 토해내는 것이다 나는 지금 이 시대에 예수와 함께 게쎄마니와 갈바리아에서 십자가의 죽음의 시간을 다시 겪고 있다."

(사랑의 메시지 1994년 2월 3일)

"지금 죄악으로 가득 차 암흑으로 뒤덮인 이 세상은 갖가지 재앙 속에 위기를 맞아 파멸에 이르고 있으며 '마쏘네'의 신봉자들 때문에 교회의 활동까지도 더욱 마비되어 가고 있는 실정이다."

(사랑의 메시지 1994년 8월 15일)

먼저 교회사를 통해 살펴보면, 교황 클레멘스 12세 (재위:1730~1740)시절, 프리메이슨은 비밀결사단체로서 자연윤리관을 따르며 비밀서약에 의해 결사체를 이루어 만약 이를 어길 경우 엄한 벌을 주었는데, 정통 그리스도교 신앙과는 맞을 리가 없었습니다.

교황께서는 1738년 칙서를 발표하여 "프리메이슨이란 비밀결사단체는 타락했고 그리스도교를 배반했다. 그들은 가톨릭 영혼에 큰 위협을 준다. 따라서 가톨릭교인이 프리메이슨에 가입하거나 그들을 지원할 경우 파문으로 엄히 대응할 것이다."고 하였습니다.

베네딕도 14세(재위:1740~1758)께서는 1751년 칙서를 발표, 프리메이슨에 가입하는 자는 역시 모두 파문한다는 법령을 내려 프리메이슨을 단죄하였습니다.

이후, 비오 7세(재위:1800~1823), 레오 12세(재위:1823~1826), 비오 8세(재위:1829~1830)께서 칙서와 교황령 등을 발표하여 프리메이슨을 단죄, 파문하였습니다.

교황 비오 9세(재위:1846~1878)께서는, 가톨릭교회를 파괴하고자 당대 사회에 거세게 휘몰아치는 반교회 세력들의 질주를 보며 교회를 지키기 위하여 그들의 실체를 직시, 1846년 11월 강력한 칙서를 공표하셨는 바, 제목조차 분명하게 가리키는 "프리메이슨이 퍼뜨린 급진주의 및 다른 현대의 오류에 관한 칙서"입니다.

"경애하는 형제들이여, 무법의 연맹으로써 한데 뭉친

자들이 가톨릭세계 전체의 공익에 반하는 끔찍하고 무시무시한 전쟁을 도발하고 있음을 그대들은 알고 있도다. 그자들은 건전한 교리를 지키기는커녕 진리에는 귀를 기울이지 않나니 저들은 암흑으로부터 호시탐탐 온갖 이상한 믿음을 만들어내며… 저들의 온갖 괴이한 오류, 온당치 못한 방법과 간계를 되새기건대…들어본 적도 없는 교리를 가르치며…하느님을 거스르는 독성의 말을 내뱉기까지 하는지라 저들은 우리 종교의 가장 거룩한 신비가 인간이 고안해낸 허구이며 가톨릭교회의 가르침이 인간사회의 선과 호혜(互惠)에 반한다고까지 가르치나니, 저들은 그리스도와 하느님을 부인하는 데에 전혀 두려워하지 않는도다. 그 원수들은 인간 이성의 힘과 우수성에 호소하기를 멈추기는커녕, 그리스도제일의 거룩한 신앙에 맞서며 무모하게도 우리의 신앙이 인간 이성에 반한다고 주절대는지라…저들은 인간의 이성이 독립된 것이라고 주장함과 더불어 인간의 이성을 초월하는 것, 다시 말해서 신앙의 신비처럼 인간의 이성으로써는 도저히 납득 불가한 것들은 모두 용인할 수 없는 것이라 치부하는도다. 저들에 따르면 인간의 이성은 우세(優勢)하고 또 이성이 지배해야 하며 이성이 이해할 수 없는 존재나 사물에는 굴복하지 말아야 한다고 주장하는도다."

그리고 레오 13세 교황님(재위:1878~1903)께서는 1892년, 더욱 더 교활하게 교회 내부에 침투한 구체적인 어둠의 실체를 확인하고 그들과 싸워야 함을, 회칙으로 공표하셨습니다 그것은 다름 아닌, "프리메이슨에 관한 교황 레오 13세의 회칙"이었습니다.

"황송하옵게도 놀라우신 우리의 구세주께서 세우신 그 땅위에서, 우리가 정신과 마음으로는 천주교인이라면서 당신 왕국의 옥좌를 냉정한 눈으로 바라볼 수 있으리오? 본인은 지금 당신의 가르치심이 공격을 받고 당신의 엄위하심이 능욕을 당하며, 당신의 교회가 싸움에 휘말려 있고, 당신의 지상 대리자가 적대시 당함을 보고 있음이로다 그다지도 많은 영혼들이 당신의 성혈로써 구원을 받았건만 이제는 지옥으로 떨어지고 있나니. 그들은 다름 아닌 당신 양떼 중에서도 뽑힌 자들, 19세기 동안이나 당신께 충실했던 자들이니라. 당신의 선택된 백성들이, 지금도 계속 존재하는 배교의 위험에 노출된 채 오류와 악덕, 그리고 육신상의 비참과 도덕적 타락에로 내몰리는 것을 어찌 차마 눈 뜨고 볼 수 있으리오!"

"동시에 이 전쟁은 천국교회와 지상교회에 대립함이요, 우리 선조들의 신앙 및 그분들이 우리에게 전해준 문명에 대립하는지라. 그런즉 이 전쟁은 두 배로 악하여 인간적인 범죄와 다름없이 천주께 촉범하는 죄를 범하고 있도다. 그것의 주요원인은 ... 최근에 주교들, 성직자 및 이탈리아 백성들에게 한 연설문에서 본인이 장

문으로 논했던 그 '프리메이슨 분파'가 아니고 무엇이뇨? ... 본인은 프리메이슨의 얼굴에서 본 모습을 가리고 있던 가면을 벗겨버려 그것이 얼마나 일그러진 모습이며 얼마나 사악하고 유해한 활동에 참여하는지 보여 주었음이라."

성 비오 10세(재위:1903~1914)께서는 교회에 파고든 "현대주의는 모든 오류의 종합판이다"라고 강력하게 비판하였으며 요한바오로1세(재위:1978년8월26일~9월28일)께서는 즉위하자마자 '바티칸에 침투한 검은 연기' 프리메이슨 세력을 조사하여 파문하기를 시도 중, 그들에 의해 암살 당하였습니다.

요한 바오로2세(재위:1978~2005)께서는 극심한 인신공격과 압력에도 불구, 1981년 3월에 법령을 내려 "프리메이슨과 이에 유사한 비밀결사에 입회하는 자는 파문한다"고 엄명하셨습니다. 같은 해 프리메이슨에 의해 총격을 받았으나 성모님의 보호로 살 수 있었으며 1999년 그들의 두 번째 암살시도 또한 실패했습니다.

상기한 바와 같이 여러 교황님들께서 통찰하시고 설파하신 교회 안에 침투한 오류와 배교의 배후에는 보이지 않게 활동하는 '프리메이슨'이 있었으며 이들이야말로 예수께서 피로써 세우신 가톨릭교회를 붕괴, 파멸시키고자 교계에 스며든 실체적인 어둠의 존재입니다.

길이요 진리요 생명이신, 구세주 예수 그리스도! 그분

이 '진리'이신 까닭은 살아 계신 '말씀'이므로 모든 신적 '계시'의 원천입니다. 그분이 '생명'이신 까닭은 우리에게 구원의 은총을 주시기 때문입니다. 그분이 '길'이신 까닭은 우리가 돌아가야 할 영원하신 성부께 우리를 인도해 주시기 때문입니다. 그러므로 오직 예수 그리스도 한 분만이 인류를 죄악의 종살이로부터 구원하실 숭앙(崇仰)의 존위(尊位)이십니다.

교회에 침투한 프리메이슨은 '몸 된 교회'가 길과 진리와 생명을 얻고자 '교회의 머리' 되신 예수님을 믿고 따르지 못하도록 교회를 파괴하려고 교회 안에 스며든 어둠입니다.

현대세계에서 그리스도 신앙을 굳건히 지키어 끝까지 **'목표를 향하여 달려간다'**(필립비서 3장 14절)는 것은 참으로 어렵고 힘든 영신적 싸움입니다. 그리고 이 싸움의 상대는 사도 바오로께서 일찍이 설파하신대로, **"인간이 아니라 권세와 세력의 악신들과 암흑세계의 지배자들과 하늘의 악령들"**(에페소서 6장 12절), 즉 사탄과 그 무리들과의 전쟁입니다.

우리는 이들의 정체, 활동 그리고 목표 등을 파악하여 이들을 대적하고 제거하고 그리하여 교회를 쇄신함으로써 오류와 배교의 위험에서 벗어나는 것은 물론이고, 후세들을 위한 참된 신앙의 보루가 되어, 예수님께서 돌아오시는 그날까지 충성하는 그리스도인으로서 이들과의 전쟁에서 참으로 승리하는 삶을 살아야 할 것입니다.

2. 어둠의 정체는 프리메이슨

"여러분은 아무에게도 절대로 속아 넘어가지 마십시오. 그날이 오기 전에 먼저 사람들이 하느님을 배반하게 될 것이며 또한 멸망할 운명을 지닌 '악한 자'가 나타날 것입니다. 그자는 사람들이 신으로 여기는 것이나 예배의 대상으로 삼는 모든 것에 대항하고 자기 자신을 그보다도 더 높이 올려놓을 것입니다. 그뿐만 아니라 하느님의 성전에 자리 잡고 앉아서 자기 자신을 하느님이라고 주장할 것입니다... 아시다시피 그자는 지금 어떤 힘에 붙들려 있습니다. 그러나 제 때가 되면 나타나게 될 것입니다... 사실 그 악의 세력은 벌써 은연중에 활동하고 있습니다. 그러나 그 악한 자를 붙들고 있는 자가 없어지면 그 때에는 그 악한 자가 완연히 나타날 것입니다."

(데살로니카2서 2장 3절~8절 발췌)

바오로 사도가 약 이천년 전 지목한, 이 자가 바로 마지막 때에 사람들로 하여금 하느님을 배반하게 만들, 멸망할 운명의 악한 자이자 죄(罪)의 세력으로서 세상에서 은연중에 활동하다가 제 때가 되면 확실하게 자신을 드러내는 악마입니다.

그리고 시종일관 세대를 넘어 오로지 그리스도교인들 곁에서 예수님을 말살하려고 기회를 노리는, 그리스도의 적대자 사탄입니다. 이 사탄, 악마는 과연 세상에서 그리고 역사 속에서 그리스도를 믿고 따르는 그리스도교인들에게 구체적으로 어떤 모습으로 나타났는지 그 정체를 알아보겠습니다.

16세기 초, 유럽에서 소위 종교개혁이라는 명목으로 교황에 반대하는 프로테스탄트들의 열교(裂敎)행위가 있었습니다. 분열된 사회 분위기 속에서 르네쌍스 문예운동은 성서의 자유해석을 낳았으며 인문주의로 발전하는 가운데 중세 석공들의 조직인 길드는 '자유로운 석공'(프리메이슨 free mason)이라는 친목 도모와 교육을 위한 하나의 우애단체를 형성합니다. 이 단체의 기원이 고대로부터 출발한다는 설이 있으나 분명치 않습니다. 이 단체는 인문주의를 기초로 하여 반드시 종교를 갖되 종교의 자유를 통하여 그리스도교만을 고집하지 않고, 성경, 불경, 쿠란(이슬람교의 경전) 등을 모두 혼합하여 정통 그리스도교와는 거리가 먼 창조신을 신봉하면서 형제애, 자유, 평등을 주장하는 광범위한 조직으로 발전했습니다.

이들을 우리가 주목해야 할 것은, 프리메이슨이라는 조직은 무교회주의나 무신론주의가 아니라 그리스도의 복음선포 후 1,500년을 이어 온 오직 그리스도교만을 배척하며 그리스도교 정신을 제외한 범신론적 단일종교를 지향한다는 것입니다

17세기에 이르러서는 석공들만 가입하는 단체에서 벗어나, 이성, 자연주의, 자유를 부르짖는 계몽주의자들과 철학자들이 프리메이슨의 구성원이 되었으므로 조직 내에서 지식인의 비중이 더 커졌습니다. 처음에 우애단체로 시작했으나 시간이 지나면서 암암리에 비밀결사조직으로 발전하였고 1717년 그들은 런던에 모여 프리메이슨 규약을 만들었습니다.

한편 독일에서 '일루미나티'라는 조직이 생겨났는데 이 조직은 독일계 유대인 가문인 로스차일드가의 지원을 받아 1776년 바이에른에서 사탄숭배자인 아담 바이스 하우프트가 설립했습니다.

순식간에 이들의 규모가 커지면서 이들이 세계정부 수립을 목표로 한다는 소문이 생겨났고 바이에른 정부는 이들을 과격단체로 규정하고 대대적인 탄압에 들어갔습니다. 이에 로스차일드가는 일루미나티의 존재를 숨기기 위해 막대한 자금을 들여 프리메이슨의 상층부를 흡수하여 프리메이슨을 일루미나티의 본체로 만듦으로써 프리메이슨은 더욱더 강공한 조직으로 발전하였습니다.

계몽주의 시대의 프리메이슨은 엘리트들의 사교클럽으로 발전하며, 사회 각계의 유명인사들과 개신교(프로테스탄트교회) 신자들이 대거 이 조직에 가입하였으며 정계와 학계에 많은 파란을 일으켰습니다. 그 중에는 아이작 뉴턴도 있었는데, 그는 그리스도교 교리 대신 과학과 이성을 중시했으며 수학적 과학적 세계관을 갖고 당시 과학의 중심인 왕립학회의 초대 회장이 되었습니다.

뉴턴은 수학과 과학만으로도 신이 직접 개입하지 않아도 자연은 제 기능을 할 수 있다는 이성적 이론체계를 수립하였습니다. 뉴턴은 자신이 신봉하는 수학과 과학을 창조하시고 주관하시며 섭리하시는 창조주 하느님에게 오히려 부조리한 논리로 도전하였습니다.

과학적으로 운행하는 삼라만상 존재의 주재자(主宰者)요, 근원으로서 창조신(創造神)인 하느님보다 인간의 이성을 우위로 생각하는 계몽주의 사상은 정치와 사회에 큰 영향을 끼쳤으며 교회는 가톨릭 세계관을 반대하는 이 사상과 세력에 주목, 경계하였습니다.

"과연 누가 천상의 운행법칙을 결정하고 누가 지상의 자연법칙을 만들었다고 생각하느냐?"
(사랑의 메시지, 성모님 말씀 2018년 10월 16일)

이들은 과학과 자유주의를 신봉하며, 왕정시대임에도 인도주의적 관용정치와 종교와 정치의 분리를 주장하였기 때문에, 자신들의 입지를 강화하고자 이와 유사한 이념을 표방하는 프리메이슨에 소속하였던 것입니다 이들의 속셈이 드러나지 않은 외형적 주장은 센세이

션을 일으키며 당대에 많은 소위 지식인들로부터 환호를 받았습니다.

18세기 프리메이슨 단체는 혁명적 사고를 가진 이들로 가득했고 관용, 형제애, 평등을 주장하는 사상이 구체화되었습니다. 당시에 이들 계몽주의자들은 종교적 관용, 종교적 자유, 다양한 종교 인정과 같은 급진주의 이념을 모토로 채택함으로써 그리스도교에 특히 가톨릭 교회에 정면으로 반대하는 비밀결사조직으로서 프리메이슨의 본 모습을 갖추기 시작했습니다.

3. 프리메이슨의 교회 안에서의 활동 (마쏘네의 활동)

앞에서 살펴보았듯이, 18세기에 조직화된 반교회비밀결사인 프리메이슨은 계몽주의 사조에 호응하여, 세계시민주의 의식과 자유주의 사상을 바탕으로 도덕성, 박애정신, 평등을 강조하였는데, 이러한 종교적 요소는 명목적으로 내세운 사탄의 전략일 뿐 가톨릭교회를 파괴시키려는 그들의 행태는 집요하였습니다.

이미 14세기에 이르러, 하느님을 향한 초월적 신앙의 가톨릭교회 안에는 경험적 인식을 통한 실증주의 사상이 싹트기 시작하였습니다. 당시의 보잘 것 없어 보였던 이 작은 불씨는, 세월이 지남에 따라서 초월적 존재에 대한 형이상학적 순수 신앙을 배격하는 근대 경험론과 실증주의의 화마(火魔)로 발전함으로써 신본주의를 태워버리고 인간을 그 자리에 세워놓는 인본주의의 기초가 되었습니다.

14세기 초, 수도회 수도사였던 윌리엄 오캄과 신학자였던 존 위클리프는 '신적 계시'의 원천인 '교회의 전승(傳承)'을 배제하고 진리의 유일한 원천을 '성경'으로 보았으며 이 견해는 훗날, 16세기 초 프로테스탄트개혁을 일으켰던 루터의 사상에 큰 영향을 끼쳐 루터는 '교회

의 전승'을 배척하고 '성경'만을 수용하였습니다. (루터
는 스스로를 오캄주의자라고 칭함)

또한, 존 위클리프는 믿음과 회개를 통한 교회의 부패
척결과 쇄신을 위해 노력했으나 사제의 성찬예식 거행
시 빵과 포도주의 실체변화를 부인하고 성체는 그리스도
의 몸과 피에 대한 상징적 표지일뿐이라고 하였습니다.
이러한 오캄과 존 위클리프의 주장은 사도로부터 전
래된 유일한 교회의 전통과 진리체계에 적극적으로 반
하는 것이었습니다.

이와 같이 영국을 비롯하여 프랑스 독일 등에서 반가
톨릭 감정이 생겨나고 있었으며 교회 법정에 대한 반
감은 많은 사람들을 가톨릭교회에 등을 돌리게 하였는
데, 사탄은 소위 종교개혁이라는 프로테스탄트적인 열
교의 조짐을 틈타, 신앙보다 과학과 이성에 눈뜨도록
인간을 유혹하였습니다.
16세기초 시작된 이 열교적 분위기는 종교뿐만 아니
라 정치사회적으로도 변화를 유도하는 문예부흥운동
(르네쌍스) 속에서 인문학적 자유 및 진보사상을 심어
놓았습니다.

그후 18세기 후반 증기기관의 발명으로 인한 방직산
업의 발전을 통하여 획기적인 산업혁명을 거치면서, 눈
에 보이고 만져봐야만 알 수 있다는 물리적 실증주의

에 빠져있는 인간에게 사탄은 19세기 후반에 이르러 마침내 찰스 다윈으로 하여금 '종의 기원'(the origin of species)을 발표케 함으로써 하느님을 배척하는 진화론의 흑암으로 온 세상 사람들의 눈을 멀게 하였습니다.

비오 9세 교황(재위:1846~1878)께서는 이러한 자유주의사상과 급진적인 사상들로부터 교회를 수호하기 위하여 끊임없이 투쟁하였으나 교회 안에 숨어있는 마쏘네의 합리주의, 유물론, 무신론, 진화론의 반그리스도교적 근대사상은 그후 철학체계, 사상체계부터 침투하여 약 100년이 지난 1960년대에는 이미 신학교수들과 주교들도 상당수가 자유주의 사상에 물들어 더 이상 정통 가톨릭을 고수하지 않게 되었습니다.

성 비오 10세 교황(재위:1903~1914)께서는 현대주의에 물든 사람에게는 신품을 주지않는 규칙을 만들었으나, 바오로 6세(재위:1963 ~ 1978)께서는 이 규칙을 없애고 현대주의자들을 사제로 만들었으니, 이제는 거의 모든 사제들이 현대주의의 오류에 빠지고 말았습니다.
교회 안에서 자멸이 생기고 있음을 한탄한 사람은 바로 교황 바오로 6세 자신이었습니다.

"세상과 교회에 현재 하나의 큰 걱정거리가 있다 문제가 되는 것은 바로 신앙심이다 본인은 예수께서 루가복음에서 하신 우울한 말씀을 새삼 혼잣말로 되뇌곤 한

다. '사람의 아들이 돌아올 때에 과연 이 세상에서 믿음을 찾아 볼 수 있겠느냐?'

(루가복음 18장 8절)

　　몇몇 주요한 진리에 관한 신앙 감퇴를 역력히 보이는 책들이 출간되고 있는데도 주교들은 침묵을 지키고 있고, 그러니 이런 책들을 수상쩍게 여기지도 않는 것이 일반적인 추세이다.

　　본인이 보기에는 이런 것이야말로 수상하기 짝이 없는 현상이다. 그래서 이따금, '마지막 때'에 관한 복음을 읽으면서 바로 이 시대에 그 종말적 징조들이 나타나고 있음을 확인하게 된다. 과연 종말이 가까워진 걸까? 이를 아는 자는 아무도 없다. 우리는 언제나 준비하고 있어야 하지만 그 모든 일이 아직은 오래도록 계속될지도 모른다. 가톨릭세계를 바라볼 때 본인에게 충격을 주는 것은, 가톨릭교회 내부에 '가톨릭적'이 아닌 사상들이 종종 우위를 차지하고 있어 보이는 데다, 이 비(非)가톨릭적인 생각이 장차 더없이 강력한 지배력을 행사할 수도 있다는 점이다."(곱비 신부에게 주신 성모님 메시지)

　　교황님께서는 이미 50년 전에 우리 가톨릭교회 내에 장차 대두할 핵심적인 문제가 무엇인지 분명히 깨달으셨으며 이 문제는 예수님께서 예시하신 종말의 징조와 관련된 것임을 깊이 통감하셨습니다.

　　즉, 교회가 스스로 파멸하고 있다는 것이니 그 자멸이

란 말은 마쏘네에 의해서 현대주의에 물든 교회 중심부의 성직자들이 가톨릭교회를 파멸시킨다는 것을 의미합니다.

성 비오 10세께서는 그의 첫 회칙에서 "이제부터 교회의 원수가 교회 밖에 있지 않고 교회 안에 있다" 그리고 교회의 원수를 발견할 수 있는 곳을 지적한 바, "원수는 신학교 안에 있다"고 하셨습니다. 그는 20세기 초에 벌써 신학교 안에 가톨릭의 원수인 프리메이슨(마쏘네)이 존재함을 직시하시고 교회의 성직자들 안에 파괴의 시초인 내부분열이 있음을 폭로했던 것입니다.

현대주의와 진보주의에 물든 당대의 신학자들과 신학생들이 나중에 사제가 되었고 그들 중 어떤 이들은 주교가 되었고 몇 몇은 추기경에 오르기까지 하였습니다.(곱비 신부에게 주신 성모님 메시지)

그리하여 1990년대 말에는 나주성모님께서 피눈물을 흘리시면서 그토록 애절하게 경고하시던 고심사단(故尋事端)이 일어났으니, 교계의 핵심 중추부까지 악마의 손길이 닿게 된 것입니다.

"세상의 모든 자녀들아!
내가 택한 대리자인 대다수의 성직자들까지도 내가 심혈을 기울여 간택한 작은 영혼을 통하여 주는 사랑의 메시지와 숭고한 징표들을 외면한 채, 헛되고 헛된 종속의 명리를 좇아 이단과 오류에 물든 이론과 논리에 편승하여 저울질하고 잣대질하는 잘못된 지식의 열쇠로 하늘의 문을 철갑하고 있기에, 그들을 따르는 수많은 영혼들이 방향감각까지 잃고 헤매며 방황하다가 급기야 멸망의 길로 치닫고 있어 더 이상 눈을 뜨고 볼 수가 없구나."

(사랑의 메시지, 예수님 말씀 2007년 10월 19일)

4. 교회 안에서의 마쏘네의 '예수부활 부정론(否定論)'

　가톨릭교회 안에 침투한 '마쏘네'의 목적은 배교와 불신앙 그리고 내부 조직의 분열입니다. 그들의 무기는 현대주의 사상과 자유주의 신학이론입니다. 그 중에서도 특히 그들이 잘 휘두르는 전가보도(傳家寶刀)는 '예수부활 부정론'입니다.

　'마쏘네'는 모든 신적 계시의 원천인 예수님의 복음에 자연주의적 합리적 해석을 붙여 그분 말씀의 신적 의미를 흐리게 합니다. 말씀을 더욱 잘 이해하게 하고 받아들이게 하려고 한다면서 말씀의 모든 초자연적 초월적 내용을 삭제하거나 왜곡합니다.(곱비 신부에 주신 성모님 메시지) 이러한 오류의 확산으로 말미암아 오늘날 많은 크리스찬들이 참 신앙에서 멀어지고 있습니다.

　오늘날 유럽 여러 나라에서 볼 수 있는 교회 공동(空洞)현상은 '마쏘네'의 마수(魔手)들이 뿌려놓은 '예수부활 부정론'의 씨앗들이 무성하게 자라나서 유구한 예수부활의 교회문을 칡넝쿨처럼 뒤덮어 버렸기 때문입니다.
　새로운 신학이론의 탈을 쓴 예수부활 부정론은 유럽 전역을 휩쓸고 지금은 미국교회들을 다 먹어치울 기세를 보이고 있습니다. 다음은 누구의 차례라고 생각하십니까? 한국교회는 안심해도 좋을 것 같습니까?

과연 한국교회가 여전히 '마쏘네'의 마수로부터 떨어져 청정지역으로 남아있을까요? 작은 쥐구멍 하나가 강둑을 무너뜨립니다. 우리가 잠들고 쉬는 동안, 마쏘네의 마수들은 생쥐가 쉴 새 없이 강둑의 틈새를 벌리듯이, 우리 신앙의 허점들을 노리고 파고듭니다. 잠자코 있다가는 우리도 유럽의 교회들처럼 점령당할 수 있습니다. 아니 한국교회도 이미 그 증상이 깊숙이 확산되고 있으며 이것이 우리가 마쏘네의 보도(寶刀)인 '예수부활 부정론'을, 진리의 무기요, 믿음의 방패인 '예수부활신앙'으로써 반드시 막아야 할 이유입니다.

"속임수를 쓰는 악마에 대항할 수 있도록 하느님께서 주시는 무기로 완전 무장을 하십시오. 우리가 싸워야 할 원수들은 인간이 아니라 권세와 세력의 악신들과 암흑 세계의 지배자들과 하늘의 악령들입니다."

(에페소서 6장 11~12절)

'마쏘네'는 우리를 영원한 성부의 천국으로 인도하는 영생의 원천인 예수님의 복음과 제자들의 증언들, 즉 성경의 구절들을 과학과 이성의 잣대로써 재단합니다. 그리하여 결국 '예수님의 기적의 행위들과 부활사건의 역사적 현실성'을 부정하기에 이르렀고 그분의 신성 자체와 인류구원을 위한 사명마저 의혹에 붙여버립니다. (곱비 신부에게 주신 성모님 메시지)

이와 같이 가톨릭교회를 근저에서부터 균열시키려고 하는 '마쏘네'의 계략은 우리 한국교회 안에서도 '사제님들'에 의해 버젓이 행해지고 있음에도 교회 안에서는 아무도 말리는 사람이 없고 오직 나주성모님과 예수님만이 피눈물로써, 통탄해 마지 않습니다.

"나와 내 어머니의 부름에 아멘으로 응답하여 달려온 사랑하는 내 사제들과 자녀들아, 이천년 전 나를 죽이기 위한 목적으로 온갖 죄명을 씌웠던 대사제들의 비방수호(非放水湖)와 같은 광주교구의 파부침선은 '마쏘네'와 합세하여 나를 두벌주검으로 몰아가고 있다."

(사랑의 메시지, 예수님 말씀 2011년 4월 22일)

5. 한국교회 광주교구의 파부침선(破釜沈船)

"지금 세계 여러 곳에서 계속 일어나고 있는 수많은 재난에 대한 구제책이 무엇인지 전대미문의 수많은 징표들을 보여주며 중언부언해 가면서까지 그렇게도 수없이 말했건만 광주대교구에서는 인준은커녕 여러 가지 경고도 무시한 채 조사할 생각은 전혀 하지 않고 오히려 악성 유언비어를 강변식비(억지로 말을 교묘하게 하여 거짓을 꾸밈)하면서 유다와 카인의 몫을 겸비하고 있으니 어찌 하느님이 노하지 않으시겠느냐. 그들이 입을 다물면 돌들이 소리를 지를 것이니 어서 내 아들 예수와 공동구속자인 이 엄마의 말을 그들이 받아들여 세상 구원을 위하여 개선광정(改善匡正)하여야 한다."

(사랑의 메시지, 성모님 말씀 2011년 3월 10일)

"이 세상이 죄악으로 썩어가고 있다. 내 아들 예수의 성혈로도 성부의 의노를 풀어드릴 수가 없구나.
보아라. 너의 몸을 빌리고 너의 입을 빌리자꾸나. 나는 추워서 떨고 있다. 추위로 떨고 있는 내 마음을 위로할 자가 누구냐?
이제는 너희가 나에게 비는 것이 아니라 내가 너희들에게 이렇게 빌고 있다."

(사랑의 메시지, 성모님 말씀 1986년 10월 20일)

전라남도 나주에서 살고있는 율리아 자매가 가정에서 모시고 있던 성모상에서 1985년 6월 30일부터 눈물이 흐르기 시작했고 그후 7월 18일 성모님께서 첫 메시지를 주셨으며 1년후 1986년 10월 19일 성모상에서는 처음 피눈물이 흘러 나왔으며 성모상이 움직이심, 향유를 흘리심, 참젖을 내려주심, 향기를 내심 등과 성모님께서 율리아에게 나타나심, 성체와 성혈의 내려오심, 율리아 자매가 모신 성체가 입안에서 살과 피로 변화되심, 기적의 샘물을 주심 등 여러 가지 초자연적인 은총의 징표들이 계속해서 나타났습니다.

이 현상에 관해서, 많은 국내외 목격자들과 증거자들을 통해 이미 바티칸 교황청에서는 알고 있었습니다. 특히, 주한교황대사인 블라이티스 추기경은 당신께서 직접 보시고 분별하고자 1994년 11월 나주를 방문하셨으며 본인의 체험을 교황청 인류복음화성에 보고하셨으며 이미 전 세계에 알려진 나주의 초자연적 현상을 이제까지 도외시(度外視)해오던 광주교구에 조사를 촉구하셨습니다.

1996년 1월, 율리아 자매는 광주대교구 소속 김재영 신부, 장용주 신부, 리준성 신부, 이제민 신부 등으로 구성된 조사위원회로부터 나주에서의 성모님 발현과 제반 기적의 징표들, 다시 말해서 가톨릭교회 안에서 발생한 초자연적 현상들에 대해 조사(調査)를 받았습니다.

142

그러나 그들의 조사는 요식적인 일과성 행위에 지나지 않았습니다 주한교황대사님의 촉구에 따라 등 떠밀린 마지못한 행위일 뿐, 가톨릭 사제로서 교회 안의 신비롭고 엄위한 초자연적 현상에 대해서 당연히 취해야 할 자발적인 조사가 아니었습니다.

그들 중 장용주 신부는, "성모님은 수다쟁이인가, 그렇게 메시지를 길게 주게." 그리고 이제민 신부는,"성모님이 이 세상에 내려 오시려면 하늘에서 내려 오셔야 하는데, 하늘이 추워서 어떻게 내려 오시나?" "내가 성모님의 메시지와 모든 것을 믿지않는다면 어떻게 하겠어?"라고 율리아 자매에게 힐난하고 비아냥거렸습니다. 그들은 처음부터 거룩한 징표의 현상에 대해 진지한 조사의 목적으로 온 것이 아님은 분명했습니다.

이제민 신부는 오스트리아에서 석사학위를 받고, 독일의 뷔르츠부르크 대학 대학원에서 박사학위를 받았습니다. 광주가톨릭신학대학에서 교수로 재직시 "예수는 정말 부활했을까?"라는 제목의 책을 발간했습니다. 이 책의 내용은 '부활의 삶'에 관한 거룩한 영성을 빙자한 오류와 궤변으로 가득차 있으나 신앙과 성경말씀의 지식이 부족한 신자들을 현혹시키기에 충분하였습니다. 이제민 신부는 가톨릭의 정통교리와 어긋나는 이단설을 주장하여 바티칸 신앙교리성으로부터 광주가톨릭신학대학 신학교수직 파면과 경고처분을 받았습니다.

그의 신앙관은 사도로부터 전래된 정통 진리에 분명히 위배되므로 바티칸으로부터 금지되었으나 그는 성찰함이 없이 여전히 환상적인 학설로 자신의 신학관을 가톨릭교회의 진리인양 전파함으로써 미혹된 신자들을 잘못된 신앙세계로 빠지게 하고 있습니다.

하느님께서 어둠의 세상에서 죄의 종살이 하는 인류를 구원하시는 것은 오로지 예수님께서 십자가 위에서 피흘려 죽으심과 부활하심을 통하여 인류의 죄를 속량하심으로써 인류를 영원한 생명의 천국으로 인도하시는 것입니다.

이것이 하느님께서 인류를 구원하시는 경륜이요, 인류에게 주신 구원의 진리입니다. 그러나 이제민 신부의 신학관에는 이 영생의 진리가 없습니다. 천국과 지옥이 없다고 합니다. 사람은 죽으면 그것으로 끝이라고 합니다.
그는 육체는 죽으면 그만이고 시체는 부활하지 않으므로 예수님이 죽으셨으나 부활할 수 없으며 부활하지 않았다고 주장합니다. 그의 글 중에는 **"상과 벌을 가지고 심판 날에 영광을 떨치며 다시 오시는"**(마태오 복음 25장 31절) 예수님은 없습니다. 구약과 신약성경 속에서 수없이 거듭거듭 언급한 예수의 부활과 재림하시는 예수에 대한 개념이 없습니다. 부활도 못했는데 재림하시는 예수를 이제민 신부는 더욱이 용납할 수 없겠지요.
그의 주장을 요약하면 다음과 같습니다.

"내가 죽은 후 얼마만큼의 세월이 흐른 후 다시 살아 나게 되리라는 것을 나는 믿지 않는다. 죽음으로 인생 은 끝나고 다시 살아나는 삶은 없다. 지난 2천년 동안 교회가 선포해온 부활은 상투적으로 생각하는 부활 관 념을 뛰어넘는 것인데 우리 신자들이 부활을 각자의 편 의대로 해석했다. 우리가 믿는 부활은 없다. 내 어머니 는 부활을 믿는다. 그러나 어머니가 그리는 부활에 대 한 그림은 신학적으로 틀렸다. 내 어머니는 교회에서 가르치는 부활을 믿을 뿐인데 지금 우리 교회에는 신학 이 없다. 내 어머니의 신학수준이 그대로 한국교회의 신학수준이라면 서글픈 일이다. 현대인에게 과거의 사 고방식만을 전통이라는 포장지에 싸서 주입시키려한 다. 시체는 되살아나지 않는다. 부활메시지는 단순히 예수님을 믿다가 죽은 사람이 다음에 부활해서 천당에 가서 영원히 복락을 누리며 슬픔도 고통도 없는 삶을 살게 된다는 일어날 수 없는 일을 전하는 것은 아니다. 사람들은 부활을 죽음 다음에 오는 삶으로 고정시키고 예수의 부활마저 그분의 시체가 되살아난 것으로 여기 고 이를 증명하려든다.

예수님은 죽을 때까지 타인을 위해 살고 고통을 당하 셨으니 살아있는 동안에 부활의 삶을 살고 죽으셨다. 부활의 삶을 살려면 나눔과 희생이 필요하다. 나눔과 희생은 부활의 삶을 사는 데 가장 근본적인 것이다.

우리가 예수님을 믿는 것은 부활의 삶을 살기 위한 것 인데 부활의 삶이란 나를 위한 이기심에서 벗어나 타인

145

을 위한 삶을 사는 것으로서 타인을 위한 삶은 마태오 복음 25장35절~36절의 말씀같이 희생과 사랑과 봉사의 삶이다. 부활의 삶을 살고 싶다면 먼저 타인을 위한 빵이 되어라. 가진 것을 나누어 주고 타인의 고통을 제 고통으로 삼으라. 죽어서 영복을 누리는 부활이 아니라 지금 사는 동안에 죽음과 부활을 반복하면서 그리스도와 하느님을 닮아라.

예수는 사후의 삶을 증명하려들지 않았으며 지금 당신의 인생을 통해 보여 주셨다. 죽음으로 내 인생은 모두 끝난다. 다시 살아나는 삶은 없다. 죽은 자들이 가게 된다는 저승(천국이라 부르든 극락이라 부르든)을 나는 믿지 않는다. 우리보다 앞서 죽은 자들이 지하세계에서 부활을 기다리며 누워있다는 것은 오로지 인간의 상상일뿐이다."

제가 이제민 신부의 글을 처음 접했을 때 너무 놀라서 제 눈을 의심하고 몇 번을 다시 읽었습니다. 2,000년 가톨릭교회에 정면으로 도전하는 그의 주장을 크게 조목조목 반박하고 싶었으나 그렇게 하지않고 우리 한국교회의 형제자매님들의 깊이 있는 신앙을 신뢰하기에 예수님의 말씀과 바오로 사도께서 우리에게 주신 증언(證言)으로 갈음하오니 부디 예수부활신앙으로써 받으신 구원의 은총, 하느님께 감사와 찬미와 영광 돌리시기 바랍니다.

"그들이 그런 이야기를 하고 있을 때에 예수께서 나타나 그들 가운데 서시며 '너희에게 평화가 있기를!' 하고 말씀하셨다. 그들은 너무나 놀랍고 무서워서 유령을 보는 줄 알았다. 예수께서는 그들에게 '왜 그렇게 안절부절 못하고 의심을 품느냐? 내 손과 발을 보아라 틀림없이 나다. 자 만져 보아라. 유령은 뼈와 살이 없지만 보다시피 나에게는 있지 않느냐?' 그들은 기뻐하면서도 믿어지지가 않아서 어리둥절해 있는데 예수께서는 '여기에 무엇이든 먹을 것이 좀 없느냐?' 하고 물으셨다. 그들이 구운 생선 한 토막을 드리니 예수께서 그것을 받아 그들이 보는 앞에서 잡수셨다."

(루카복음 24장 36절~43절)

예수를 믿는 것은 예수의 부활을 믿는 것입니다. 아무리 2천년이 지나 오래 되었을지라도 '십자가 위에서의 죽음과 부활의 역사적 예수 그리스도'는 변할 수 없습니다.

예수님의 부활이 없었다면 나주성모님 기적의 현장에 하느님께서 성체와 성혈을 내려주실 리가 있겠습니까? 예수님께서는 당신의 부활을 전제로 성체성사를 세우셨습니다. 당신의 살과 피는 당신의 부활로써, 살아 있는 영원한 생명의 양식이 되었기에 우리가 먹고 마심으로써 우리도 예수님처럼 부활할 수 있는 몸이 되어 하느님의 자녀가 되는 것입니다. 이것이 예수께서 수난 전야에 직접 세우신 거룩한 성체성사입니다.

"사랑을 주고 싶은데 사랑을 나누고 싶은데 아, 아! 외롭고 슬프구나... 내 어머니의 뜻에 따라 위격적이고 신격적인 나의 현존 그 자체인 성체를 통하여 내가 한국 나주에 온 것이다.

내 어머니를 찾는 많은 자녀들에게 내 사랑 전체를 내어주기 위함과 사랑을 나누기 위하여 몇 번이고 성체의 변화를 보여 주었으며 성체를 통하여 내가 직접 여러 차례 내려왔었음에도 나의 실체인 성체는 이론과 논리로써 무시되고 배척당한 채 나의 사랑과 현존을 체험케 하고 전하기는커녕 도리어 성체를 면병이라고 판단 받으며 고립되고 말았으니 그것이 바로 두 벌주검이 아니고 무엇이겠느냐?"

(사랑의 메시지, 예수님 말씀 2000년 11월 2일)

예수 부활을 부정하는 것은 성체성사마저 부정하는 것이 되므로 '마쏘네'는 이 점을 노리고 그토록 '예수는 부활하지 않았다'고 주장하는 것입니다.

가톨릭교회 구원진리의 핵심이 미사성제 속에 녹아져 있으니 말씀의 전례인 예수의 생사(生死)와 부활(復活)을 선포하는 복음이요, 성찬의 전례인 영생을 위한 성체성사입니다. 마쏘네는 성체성사의 근본인 예수의 부활을 부정함으로써 성체성사에 의한 하느님의 구원 은총을 또한 부정하기 원하는 것입니다.

당시 제자들의 믿음과 현대인의 믿음이 다를 수 없습

니다. 신구약 성경 전권이 예수님의 죽음과 부활하심을 인하여 우리가 구원의 은총을 누리게 됨과, 그리고 사후세계인 천국에 대해서도 증언합니다. 예수그리스도의 죽음과 부활은 가톨릭교회 구원진리의 근본입니다. 예수님의 부활이 실제로 일어났던 '역사적 사실'이 아니라면 이 지구상에 그리스도교는 2천년 전에도 없었을 것이고 또한 오늘날에도 없을 것입니다.

바오로 사도께서는 오늘날의 이제민 신부 같은 분들이 당시에도 교회 안에 있음을 아시고 그리고 이들이 교회 내에서 신앙에 큰 폐해를 끼침을 염려하시어 다음과 같이 예수의 부활을 역설하셨습니다. 바오로 사도의 기록과 증언은 이제민 신부의 신학관이 진리를 벗어난, 전혀 성경에 맞지 않는 오류임을 분명하게 밝혀줍니다.

12 그리스도께서 죽은 자들 가운데서 다시 살아나셨다는 것을 우리가 전파하고 있는데 여러분 가운데 어떤 사람은 죽은 자의 부활이 없다고 하니 어떻게 된 일입니까?
13 만일 죽은 자가 부활하는 일이 없다면 그리스도께서도 다시 살아나셨을 리가 없고
14 그리스도께서 다시 살아나지 않으셨다면 우리가 전한 것도 헛된 것이요 여러분의 믿음도 헛된 것일 수밖에 없습니다.
15 만일 죽은 자가 다시 살아나는 일이 없다면 하느님께

서 그리스도를 다시 살리셨을 리가 없습니다. 그렇다면 하느님께서 그리스도를 다시 살리셨다고 증언하는 우리는 결국 하느님을 거스르는 거짓 증인이 되는 셈입니다.

16 만일 죽은 자들이 다시 살아나는 일이 없다면 그리스도께서도 다시 살아나실 수 없었을 것입니다.

17 만일 그리스도께서 다시 살아나시지 않았다면 여러분의 믿음은 헛된 것이 되고 여러분은 아직도 죄에서 헤어나지 못하고 있을 것입니다.

18 그리고 그리스도를 믿다가 세상을 떠난 사람들도 멸망했을 것입니다.

19 만일 그리스도를 믿는 우리가 세상에만 희망을 걸고 있다면 우리는 누구보다도 가장 가련한 사람일 것입니다.....

30 또 우리는 무엇 때문에 언제나 위험을 무릅쓰면서 살고 있습니까?

31 나는 날마다 죽음의 위험을 당하고 있습니다.

32 내가 설혹 에페소에서 맹수와 싸우는 위험을 겪었다 하더라도 그것이 인간적인 동기에서 당한 일이라면 내가 얻은 것이 무엇이겠습니까? 만일 죽은 자가 다시 살아나는 일이 없다면 '내일이면 죽을 테니 먹고 마시자' 해도 그만일 것입니다.

33 속지 마십시오. 나쁜 친구를 사귀면 품행이 나빠집니다.

34 정신을 똑바로 차리고 죄를 짓지 마십시오. 여러분

중에는 하느님을 모르는 사람이 있어서 부끄러운 줄 알라고 이런 말을 하는 것입니다.

(고린토1서 15장 12절~34절)

"2,000년 전 내가 십자가에서 내려올 수도 있었다. 그러나 죽어야만 부활한다는 진리를 다시 기억하여 나의 부름에 응답한 너희들 만이라도 순교자들의 신앙을 본받아 일치 안에서 순직하게 따라주기 바란다."

(사랑의 메시지 1998년 4월 12일)

"그리하여 마지막 날 하늘의 천사들과 성인 성녀들의 환호 가운데 다시는 죽음도 없고 주리지도 목마르지도 않으며 슬픔과 고통과 탄식도 없는 사랑만이 가득한 영원한 천상 잔치에 참여하여 영광을 누리도록 하여라."

(사랑의 메시지 2001년 11월 9일)

바오로 사도에 의하면, 하느님을 모르면서도 부끄러운 줄 모르고, 죽어야만 부활한다는 진리를 부정하는 신부들이 번듯하게 사제복을 입고 예수의 이름으로 버젓이 미사예식을 거행하는 것이야말로 성 비오 10세 교황께서 지적하신 것처럼, 그리스도의 원수가 신학교 안에만 있는 것이 아니라, 거룩한 성당의 제대 앞에도 있는 것이 오늘날 한국교회의 현실입니다.

6. 광주교구 조사위원회의 오류와 예수의 신성(神性) 부정

　예수 그리스도께서 피값을 치루시고 세우신 교회는 창립 이후 내외로부터 부단히도 이단사설(異端邪說)의 공격을 받아 왔습니다.

　아니, 처음부터 그분이 하느님의 아들이라는 사실을 알고 있었던 사탄은 헤로데를 시켜, 예수께서 탄생하신 날부터 죽이려고 작정하였습니다.(마태오복음 2장 13절)

　창조주 하느님과 동일(同一)한, 한 본체로서 하느님의 빛이요 말씀이신 분이 사람이 되시어 이 세상에 오셨으나 이 세상은 이처럼 그분을 알아보지 못하고(요한복음 1장 10절) 오히려 핍박하였던 것입니다.

　4세기 초, 초대교회 안에서 신앙의 정립을 위해서 그리스도의 정체성(正體性)에 대한 논쟁이 일어났습니다.

　사탄은, 알렉산드리아의 사제 아리우스를 통하여 만물의 창조주이지만 하느님의 아들로서 자신의 창조세상에 오신 예수님을 '하느님의 피조물에 불과하다'는 단성론(單性論)을 가지고 그리스도의 신적 위격(位格)을 공격하며 삼위일체이신 예수 그리스도의 신성(神性)을 부정하였습니다.

　광주교구의 조사위원 신부들은 예수님의 정체성에 대해 아리우스주의자들처럼 천주성, 즉 신성이 배제된 인

성(人性)만을 주장하였습니다. 그들은 전지전능한 창조신 예수의 신성을 부정하고 한낱 성현에 불과하다는 마쏘네의 사설(邪說)을 추종합니다.

당시 조사위원장이었던 김재영 신부는 율리아 자매에게 이같이 말했습니다.

"신학적으로 봐서 성부는 말씀을 하실 수가 없어요. 그런데 율리아는 1995년 6월 16일 메시지에서 성부가 말씀을 하셨다고 썼어요. 그리고 예수님과 성모님은 인성으로 나셨기에 말씀을 하실 수가 있었지만, 그분들도 2,000년 전에 돌아 가셨기 때문에 지금은 말씀을 하실 수가 없습니다."

너무 놀랍고 황당해서 읽고 있는 제 눈을 의심했습니다. 이 발언들이 진리를 옹호하기 위해서 오랫동안 신학을 공부하고 사제서품을 받은 신부들의 입에서 나왔다는 걸 알고도 그냥 지나칠 수는 없기에 이들의 오류를, 아니 궤변을 성경에 비추어 밝혀 보겠습니다.

1 | 신학적으로 성부 하느님은 말씀하실 수 없다는 주장에 대해서:
성경은, 성령께서 예언자들을 통해서 말씀하신 경우뿐만 아니라, 성부 하느님께서 직접 사람에게 말씀하셨음을 보여줍니다;

예1) "에녹은 육십오 세에 므두셀라를 낳았다. 에녹은 므두셀라를 낳은 다음 삼백년 동안 하느님과 함께 살면서 아들딸을 더 낳았다. 에녹은 모두 삼백육십오 년을 살았다. 에녹은 하느님과 함께 살다가 사라졌다. 하느님께서 데려 가신 것이다."(창세기 5장 21~24절)

예2) "예수께서는 베드로와 요한과 야고보를 데리시고 기도하러 산으로 올라 가셨다. 예수께서 기도하시는 동안에 그 모습이 변하고 옷이 눈부시게 빛났다. 그러자 난데없이 두 사람이 나타나 예수와 함께 이야기하고 있었다. 그들은 모세와 엘리야였다.

영광에 싸여 나타난 그들은 예수께서 멀지 않아 예루살렘에서 이루시려고 하시는 일 곧 그의 죽음에 관하여 예수와 함께 이야기를 나누고 있었다.

그 때 베드로와 그의 동료들은 깊이 잠들었다가 깨어나 예수의 영광스러운 모습과 거기 함께 서 있는 두 사람을 보았다.

그 두 사람이 떠나려 할 때 베드로가 나서서 "선생님, 저희가 여기서 지내면 얼마나 좋습니까! 저희가 초막 셋을 지어 하나는 선생님에게 하나는 모세에게 하나는 엘리야에게 드리겠습니다."하고 예수께 말하였다. 무슨 소리를 하는지 자기도 모르고 한 말이었다.

베드로가 이런 말을 하고 있는 사이에 구름이 일어 그들을 뒤덮었다. 그들이 구름 속으로 사라져 들어 가자 제자들은 그만 겁에 질려 버렸다. 이 때 구름 속에서 "이는 내 아들 내가 택한 아들이니 너희는 그의 말을 들어라."하는 소리가 들려왔다.(루가복음 9장 28~35절)

이 소리를 듣고 제자들은 너무도 두려워서 땅에 엎드렸다.

예수께서 그들에게 가까이 오셔서 손으로 어루만지시며 "두려워하지 말고 모두 일어나라."하고 말씀하셨다.(마태오복음 17장 6~7절)

예3)

성부: "얘야! (한참 말씀이 없으시다가) 지금 세상에 징벌을 내려도 되겠느냐?"

율리야: "아니에요. 조금만 더 기다리시면 성모님 말씀대로 회개하는 영혼이 많아 질거에요, 아니 많아지고 있어요."

성부: "그럼 네가 세상에 가서 더 열심히 전하겠느냐?"

율리야: "싫어요. 전 자격이 없어요. 제 힘으로는 어쩔 수 없어요. 많은 사람들이 종말의 시간이 다가온다는 것을 몰라요."

성부: "그래 바로 그 점이다. 세상 사람들이 종말의 시간이 다가온다는 것을 알았다면 회개하였을 것을 그래도 회개하지 않는다면 폐허만이 남을 것이다."

(1995년 6월 16일 사랑의 메시지 중에서 성부의 말씀)

먼저 에녹의 경우를 보면, 에녹은 육신을 가진 사람으

로서 지상에서의 삶을 살다가 하느님의 은총을 입어 죽지 않고 승천한 분입니다. 노아의 증조부 되는 에녹은 하느님의 사랑을 받아 하느님과 동행살이를 하였는데, 성경구절에 대화하는 장면은 없지만 무려 삼백년 동안 대화 한마디 없이 함께 살았을까요?

얼마나 절친했으면 삼백년을 지상에서 하느님과 같이 살다가 지상에서 죽게 하지 않고 하느님께서 승천시키셨는데, 이렇게 친한 사이에 하느님께서 에녹에게 말씀 한마디 안하셨다면 그것도 삼백년 동안 침묵하셨다면 신부님은 믿으실 수 있겠습니까? 그리고 "하느님과 함께 지상에서 살다가 에녹을 하늘로 데려가신 것"은 하느님이 사람과 대화만을 한 것보다 훨씬 더 우월한 친교행위 아닌가요?

에녹의 경우를 보더라도 하느님께서는 하느님을 사랑하는 인간과는 대화뿐만이 아니라 "함께살이"까지도 하시는 무한히 자비로운 분이시며 율리아 자매가 미사 중 탈혼상태에서 천국 옥좌에 앉아계신 성부 하느님을 뵙게 되고 대화하게 된 것은 하느님의 은총이라고 아니 할 수 없습니다.

두 번째, 루가복음 9장에 기록된 '변화된 모습의 예수의 경우'를 살펴보면, 예수님께서 사도들에게 수난에 대해 처음으로 예고하신 후, 세 분의 사도들만 데리고 기도하시러 산에 오르셨을 때 일어난 일입니다.

모세와 엘리아가 나타나 예수님과 함께 이야기한 것은 예수께서 머지않아 예루살렘에서 이루시려고 하시는 일, 즉 예수님의 부활영광에 앞서 반드시 있어야 할 그의 수난과 죽음에 관한 일임을 마태오복음 17장도 꼭 같이 밝히고 있습니다.

그리고 제자들은 예수님의 아버지, 성부 하느님의 음성을 직접 듣고서 너무 놀라고 겁에 질려 땅바닥에 엎드렸습니다. 제자들은 분명 "그는 내 아들, 내가 택한 아들이니 너희는 그의 말을 들어라."라는 하느님 아버지의 음성을 들은 것이지 성령의 음성을 들은 것이 아닙니다.(오히려 성령께서는 사람에게 말씀을 하셔야 할 경우 예언자나 선지자들, 통역의 은사를 받은 사람을 통해 말씀하시지 직접 말씀하시지 않음.)

성부께서는 아들의 제자들도 예수님처럼 제 십자가를 지고 고난을 받아야함을 알려 주시고 준비시키셨던 것입니다.

세 번째 경우는, 위에서 보다시피 율리아 자매가 탈혼 상태에서 천국에서 성부 하느님과 대화하는 장면인데, 대화의 내용으로 보아 의심의 여지없이 사실임을 알 수 있습니다.

이것이 사실이 아니라면 불경죄에 해당하는 거짓말을 율리아 자매가 굳이 해야 할 이유가 있겠습니까? 그래서 신약성경에 나오는 한 장면을 추가로 소개하면 이렇습니다.

세례자 요한이 요단강에서 회개의 세례를 베풀 때 예루살렘을 비롯하여 유다 각 지방과 요르단 강 부근의 사람들이 다 요르단 강으로 요한을 찾아 와서 죄를 고백하며 세례를 받았습니다.

이 때 예수님도 하느님의 원의(原義)를 이루기 위해서 죄가 없으심에도, 요한에게서 세례를 받으셨는데, 예수께서 인류 구원을 위하여 성령과 불로 세례를 베푸실 '그리스도'라는 것을 인증하기 위하여 성령께서 비둘기 모양으로 내려오셨습니다. (구약시대에서 성령의 기름 부음과 같음)

그리고 성부 하느님께서는 "이는 내 사랑하는 아들, 내 마음에 드는 아들"이라고 세례 받으러 온 군중들에게 예수가 '그리스도'임을 직접 공현(公現)하시는 말씀을 하셨던 것입니다.(마태오복음 3장 5~17절) 이 경우도 군중들에게 말씀하신 분은 성령이 아니라 성부이심을 성경기록은 잘 보여줍니다.

이와 같이 상기한 증거를 통해서 성부 하느님께서는 원의(原義)에 따라서 사람들에게 말씀을 하신다는 사실이 증명되었습니다.

가톨릭교회의 이천년 역사에서 영성신비신학에 속하는 천국체험, 그리고 주님과 성모님과의 대화체험을 한 성인 성녀는 아주 많습니다. 신실한 개신교 신자들도 이같은 체험을 많이 합니다. 그러므로 하느님을 경외함에 일생동안 심열성복(心悅誠服)하는 율리아의 천국체험과 성부 하느님과의 대화체험은 의당 믿을 수 있는 증언입니다.(율리아는 천국 연옥 지옥 모두 체험했음.)

2 | 예수님과 성모님은 2,000년 전에 돌아 가셨으므로 지금은 말씀을 하실 수가 없다는 주장에 대해서:

예수님은; 직언하면, 십자가에 못 박혀 죽으셨으나 사흘날에 부활하셨으므로 사람들과 말 할 수 있습니다. 가톨릭교회는 본래 예수의 죽음과 부활이라는 역사적 사실을 기원으로 생겨났습니다. 그러므로 가톨릭교회는 죽음에서 부활하신 예수님과 영적으로 교통하는 것을 의당히 믿고 실행하는 종교입니다.

가톨릭교회 2,000년 역사에서 예수님과 대화하신 성인 성녀는 많습니다. 김재영 신부께서 신학적으로 얘기하시니 저도 성경을 중심으로 신학적으로 말하겠습니다.

예수님은 본디 로고스, "하느님의 말씀"이시며, 하느님과 한 본체이시며 하느님과 똑같은 분이십니다. 다만 인류구원을 위한 '그리스도'로서 인간 세상에 오시기 위하여 성모님에게서 인성을 취하신 하느님의 아들'이므로 신인양성(神人兩性)의 존위입니다.

그러므로 하느님의 구원계획을 이루시고자 십자가 위에서 죽기까지 순종하시고 부활하신 하느님입니다. **"나는 십자가에서 내려 올 수도 있었다. 그러나 죽지 않고서는 부활할 수가 없지 않느냐!"**

성경의 저술목적은, 당시 사건의 현장에 없었던 사람들과 후세들에게 "예수는 인류구원을 위해서 희생제물이 되어 죽으셨고, 죽음에서 부활하신 하느님의 아들 그리스도"라는 것을 증언하여 전하는 것입니다.

성경은 예수께서 죽음에서 부활하셨다는 역사적 사실을 제자들, 목격자들, 증언자들을 통해서 변증합니다. 예수님은 부활 후 제자들 앞에 나타나시고, 말씀하시고, 유령이 아니라고 확인해 주시고, 물고기를 못잡은 제자들에게 153마리의 큰 물고기를 잡게 해주시고, 같이 조반을 드시고, 제자들 앞에서 구운 생선 한 토막을 잡수시고, 의심 많은 토마스에게는 창으로 찔린 옆구리에 손을 넣어 보라고 까지 하셨습니다. 만약 예수께서 부활하지 않으셨다면 신약성경은 씌여질 목적과 이유가 전혀 없습니다.(구약성경도 마찬가지임) 다시 말해서 사실(事實)이 사실(史實)임을 증명한 것입니다.

부활하신 후, 예수님은 엠마오로 가는 두 제자에게 나타나셔서 이렇게 말씀하셨습니다. **"너희는 어리석기도 하다! 예언자들이 말한 모든 것을 그렇게도 믿기가 어려우냐? 그리스도는 영광을 차지하기 전에 그런 고난을 겪어야 하는 것이 아니냐? 하시며 모세의 율법서와 모든 예언서를 비롯하여 성서 전체에서 당신에 관한 기사를 들어 설명해 주셨다."** (루카복음 24장 25~26절)

그러므로 영원히 살아계시며 섭리하시는 하느님이신

예수께서 2,000년 전에 죽고 부활하지 못했으므로 인간과 대화할 수 없다는 건 성경이 무엇인지와 그 내용을 모르거나 완전히 왜곡한 궤변입니다.

가톨릭교회는 '예수부활신앙의 종교'라는 걸 모르거나 부정하면 신자도 될 수 없고, 세례를 받을 수도 없고, 신부도 될 수 없는데 예수부활을 부정하는 신부들이 버젓이 교회 안에서 사제노릇하고 있다니 정말 기가 막힐 노릇입니다.

성모님은; 하느님의 은총으로 원죄 없이 태어나셨으므로 죄에 물들지 않으셨으며 '천주의 모친'(테오토코스)으로서 지상에서의 소명을 다 하시고, 죽음 없이 승천하신 후 천국에 계시며 **"태양을 입은 여인"(묵시록 12장 1절)**으로서 하느님의 구원계획 안에서 은총의 중재자로서 지상교회에 발현하시고 메시지말씀도 하십니다.

죄의 삯은 죽음입니다. 인간에게 죽음이 온 것은 성경의 말씀대로 죄란 하느님의 법을 거역하는 것이므로 하느님을 거역한 자는 반드시 죽게 되어 있습니다.(창세기 2장 17절)

그러나 죄 있는 사람인 에녹이나 엘리아도 하느님의 은총으로 죽지않고 승천하였는데, 하물며 티 없으신 "하느님의 모친"이신 성모님께서 지상에서의 소명을 다 하시고 죽음 없이 승천하신 것은 너무나 당연한 일 아닙니까!

성모님께서는 루르드, 파티마, 과달루페, 라잘렛, 가

라반달, 메주고리 등에서도 발현하시고 메시지말씀을 하셨으며, 심지어 곱비 신부에게는 1973년부터 1997년까지 장기간에 걸쳐, "지금은 교회가 배교와 정화와 환난의 때에 돌입하여 '붉은 용'의 추종자들과 '태양을 입은 여인'을 따르는 이들 사이에 벌어지는 전투의 시대"라고 강력한 호소의 메시지도 주셨습니다. 그리고 1985년 7월18일을 처음으로 하여 2023년 10월 현재까지도 나주에서 발현하신 성모님께서는 원의에 따라서 율리아 자매에게 마지막 때에 대하여 '사랑의 메시지'를 주고 계십니다. 곱비 신부에게 주신 메시지 말씀은 '천상의 예언녀'로서 그 어떤 신학자나 예언가도 풀지못한 '요한 묵시록'을 풀어주시어 교회의 성직자들이 붉은 용과의 싸움인 마지막 전투의 시대를 대비하도록 하셨으며 '사랑의 메시지'는 평신도들에게 그러 하도록 충만히 내려주신 은총의 선물입니다. 그러므로 성모님께서 2,000년 전에 돌아가셔서 지금은 말씀하실 수 없다는 것은 신부로서 신자들을 참으로 기만하는 궤변입니다.

7. 한국교회 현대주의 신부들의 이단사설(異端邪說)

그들은 예수의 정체성, 참 하느님요 참 사람이신 완전한 신인양성(神人兩性)가운데 신성을 부정합니다. 인성만을 주장합니다. 예수는 전지전능한, 초월적 권능을 가진 창조신이 아니라 인간에 불과하므로 초자연적 현상인 기적이나 징표를 행사할 수 없다고 합니다.

예수께서 티베리아 호수 건너편에서 보리빵 다섯 개와 물고기 두 마리를 가지고 기적을 베푸시어 오천 명의 군중을 먹이신 '오병이어의 기적'(요한복음 6장 1~15절을 포함하여 4복음서 모두에 기록됨)에 대해, 한국교회의 수장이셨던 정진석 추기경은 드러내 놓고 이렇게 말했습니다. "예수가 행사한 건 기적이 아니라 그 자리에 모인 군중들이 예수의 교훈을 듣고 감동하여 혼자 먹으려고 갖고 있었던 음식들을 자발적으로 나누어 먹은 나눔의 행위다." 이 말이 성경을 믿고 예수님이 하느님요, 그리스도이심을 믿으며 예수님의 가르침을 전하는 사제, 그것도 추기경이라는 분이 예수님의 권능과 성경의 내용을 이렇게 심히 왜곡하다니, 저도 처음에는 그분이 그럴 리가 있나? 하고 의심했었습니다. 지인을 통해 전해 들었을 때는 믿지 않았습니다. 그러나 그분의 발언을 언론사 지면에서 직접 제 눈으로 찾아보고 확인했을 때 놀라움과 동시에 전율을 느꼈습니다. 어쩌다 한국교회가 이 지경이 됐을까?

추기경이건, 주교건, 신부건, 사제들은 하느님의 종이요 예수님의 대리자로서 "하느님의 말씀과 예수께서 계시하신 진리"만을 전파해야 합니다. 사람이든 천사든 성경에 기록된 말씀은 일점일획도 무엇을 빼거나 덧붙일 수 없습니다.(요한묵시록 22장 18절)

복음서 어디에 "군중들이 혼자서 먹으려고 싸두었던 도시락을 꺼내어 나누어 먹었다"고 씌어져 있습니까? 성경은 예수님의 행적에 대해 굳이 거짓을 말하거나 속이거나 꾸미지 않습니다. 일부러 거짓말을 지어내어서 신성을 모독하는 가장 무서운 죄를 범하여 지옥의 영벌을 자초하는 사람은 없습니다. 그럴 필요가 없습니다. 기적을 행사하지 못하는 예수라면 그는 하느님의 아들이 아니요 그리스도도 아니지 않습니까?

예수와 함께한 제자들이, 예수가 조만간 그들 곁을 떠났음에도 불구하고 훗날 목숨 걸고 증언한 것은, 그들을 배 부르게 하고 등 따뜻하게 하는 편안한 삶의 세속적 가치와는 전혀 다른, 거짓의 속박에 가둘 수 없는 예수의 진리와 희생의 역사적(歷史的) 삶이었습니다. (가룟 유다를 대신한 마지막 사도 마티아를 포함한 12제자들 모두 예수를 증언하다 순교하였음.)

군중들은 예수께서 안식일날 베짜타 연못가에서 삼

십팔년 된 척추병 환자를 고쳐주신 것을 보았으며 혈루병 앓던 여인도 고쳐 주시고, 죽은 과부의 외아들도 살려 주시고, 귀신 들린자들도 ,백부장 야이로의 딸도, 등등 예수님은 음식 잡수실 틈 조차 없이 역사(役事)셨습니다.

오병이어로 오천명을 먹이신 기적 이후, 군중들은 심지어 배를 나누어 타고 티베리아호수를 건너 예수를 찾아서 쫓아 다녔습니다. 그들은 예수께서 행하신 기적의 의미를 깨달았기 때문이 아니라, 빵을 거저 배불리 먹게 해주신 '예수의 베푸신 기적'을 체험했기 때문이었습니다.

예수의 기적을 맛 본 그들이 또다른 기적을 요구했으나 예수께서는 오히려 **"썩어 없어질 양식을 얻으려 힘쓰지 말고 영생의 양식을 얻도록 힘쓰라."**고 말씀하셨다고 성경은 기록합니다. **(요한복음 6장 22~35절)**

역사서이건 학술서이건 고전이건 또는 불경 같은 다른 종교의 경전이건 본문의 내용을 조금이라도 훼손하는 것은 지식인이든 문맹인이든 해서는 안될 짓입니다. 하물며 기독인이 성경의 내용을 왜곡하여 전파하는 것은 진리를 저버리는 용납할 수 없는 행위입니다.(요한1서 1장 10절)

바오로 사도는 이렇게 말합니다.

"우리는 말할 것도 없고 하늘에서 온 천사라 할지라도 우리가 이미 전한 복음과 다른 것을 여러분께 전한다면 그는 저주를 받아 마땅합니다."

(갈라디아서 1장 8절)

그럼에도, 그들이 불충하는 의도는 무엇일까요? 군중들 앞에서 엄위한 기적을 베푸신 예수님의 천주(天主) 신성을 폄하함으로써 예수님을 하느님의 위격에서 끌어내려 한갓 성현으로 각하하려는 불경스러운 목적입니다. 이들이 여전히 교회 안에서 사제행세를 하며 불손한 손으로 성체를 만지고 미사를 집전하는 것을 계속 두고 볼 수 밖에는 없는 것입니까?

성경은 분명히 말합니다.

"예수께서 베푸신 기적을 보고 사람들은 '이분이야말로 세상에 오시기로 된 예언자이시다.'하고 저마다 말하였다 예수께서는 그들이 달려들어 억지로라도 왕으로 모시려는 낌새를 알아채시고 혼자서 다시 산으로 피해 가셨다."

(요한복음 6장 14~15절)

그뿐만 아니라, 리준성 신부, 정양모 신부, 서공석 신부 등은 정통가톨릭 신앙과 교리에 정면으로 배치되는 오류와 이단사상을 주장하여 교황청으로부터 경고처분을 받은 바 있습니다.

그들의 주장을 요약하면;

1) 진화론에 입각하여 이성적 자유주의사상을 추구하는 이단
   설을 주장
2) 예수의 천주성(신성)을 부정
3) 예수의 부활을 부정
4) 예수의 삼위일체를 부정
5) 성모님의 '천주의 모친'(Theotokos)이심을 부정
6) 인간의 영혼을 부정하므로 사후세계를 부정, 천국 연옥 지
   옥을 부정
7) 미사성제 시 성체성사의 실체변화를 부정, 영적효력을 부
   정, 성체 안에 예수님의 실체 현존을 부정, 가톨릭교회 안
   에서 발생한 수많은 성체기적을 부정
8) 죄의 실존성을 부정 따라서 고백성사와 보속의 필요성을
   부정

이같이 그들이 주장하는 소위 신학이론은 '하느님
의 말씀'(요한복음1장1절)이신 '예수께서 계시하신 진
리'(묵시록 19장 10절)에 근거하지 않았으며 성경을 심
히 왜곡한 오류와 이단사설입니다.
그들의 주장은 무신론자들과 다를 바 없이, 교의(教義)
와 전례와 규율을 혼란스럽게 함으로써 배교와 불신앙
과 교회내부의 분열을 조장하고 획책하는 마쏘네의 음
모와 다르지 않습니다.

2,000년 동안 사도로부터 전래된 유일한 교회의 정

통교리와 진리체계에 반항적으로 도전하는 그들은 교회 안에서 추기경, 주교, 사제, 신학자, 신학교수, 수도자 등 성직자의 가면을 쓰고, 성경과 전혀 어긋나는 이단사설을 퍼트립니다.

그들은 신자들을 미혹하여, 진리이신 예수님을 말살하려고 마쏘네와 합세한 그리스도의 적대자들입니다. 진리를 체득한 수많은 순교자들이 피 흘려 세운 한국교회 안에서, 그들의 거짓된 신학이론은 신자들에게 신앙의 영감을 주기는커녕, 해악을 끼쳐 참 신앙에서 멀어지게 할 뿐입니다.

"사랑하는 내 작은 영혼아! 나와 내 어머니의 찢긴 성심을 기워갚기 위해 매 순간 위로의 꽃으로 피어나는 너의 염원에 호응하기 위하여 성체를 통하여 내가 자녀들과 사랑을 나누고자 직접 내려왔음에도, 나의 실체인 성체가 오류와 이단에 물든 이론과 논리로써 무시되고 있으니 2005년 4월 16일 날 특별히 불림 받은 자녀들이 모여있을 때 내려준 성체가 면병이 아니라는 것을 오늘 보여주마."

(사랑의 메시지 2005년 5월 6일)

율리아자매가 예수님에게서 이 메시지를 받고나서, 2005년 4월 16일 날 봉사자 피정 미사 때 강림하신 두 개의 성체를 모셔놓은 성합을 보관하고 계신 신부님에게 그 성합을 열어 보도록 했을 때, 두 개의 성체에서 성혈이 흘러 나오고 있었습니다. (2005년 5월 6일자 사랑의 메시지 및 '마리아의 구원방주' 성체기적과 징표들 참조)

악인은 진리를 보고도 진리를 믿지 않습니다. 대사제들과 바리사이파사람들은 예수께서 다시 살려주신 라사로를 보고도 예수를 믿지 않았습니다. 그들은 예수께서 약속된 그리스도라는 증거를 보고도 믿지 않았습니다. 오히려 죽은지 나흘이나 지나서 썩은 냄새가 나던 라사로가 예수의 권능으로 다시 살아났을 때 그들은 라사로를 죽이기로 작정하였습니다.(요한복음 12장10절) 예수가 하느님의 아들이요 그리스도라는 사실의 실체적 증거를 없애버리려고 했던 것입니다.

마쏘네와 합세한 현대주의 신부들은 대사제와 바리사이파사람들처럼 예수의 신성을 멸절할 뿐만 아니라, 확실하게 변증하는 복음의 의미를 변개, 왜곡하여 마치 예수님을 이천년 전에 잠시 나타났다가 사라진 한낱 현자로 폄하합니다. 멀리 유럽교회에서나 볼 수 있었던 종말론적 현상이, 어느새 우려했던대로 한국교회의 제단 앞에 짙은 그림자를 드리우고 있습니다.

우리는 율리아 자매에게 주신 '나주 성모님 사랑의 메시지'는 마지막 때를 관통해야 하는 성도들을 향한, 절박한 성령의 시대적 요청이며 우리가 살고있는 동시대가 바로 성령께서 요한 사도를 통해서 계시(啓示)하신 '묵시록'의 시대임을 통감해야 합니다. 그리고 한국교회의 현실을 성찰하고 회개(悔改)해야 합니다. 속죄(贖罪)해야 합니다.

"정의로우신 성부께서 작은 영혼인 너의 사랑을 보시고, 의노의 잔대신 내려주신 모든 축복과 징표와 사랑조차 교회와 무관한 것인 양 공표케 함으로써, 세상 자녀들을 회개토록하여 천국으로 인도하기 위해 뽑아 세운 너를 통하여 천국으로 들어가려는 착한 영혼들까지도 혼란의 도가니로 몰아 지옥의 길로 가게 하려고 최후의 발악을 하고 있으니..."
(사랑의 메시지, 예수님 말씀 2005년 5월 6일)

"사랑하는 나의 자녀들아! 지금 교회에는 배교와 불충의 시각이 마쏘네에 의하여 심각하게 진행되어 가고 있는데도 영적으로 눈이 멀고 귀가 멀어 많은 성직자와 수도자들 까지도 그들의 성소를 소홀히 여기고 내적인 타락으로 인하여 보지 못하고 알아듣지 못하니 이 어머니의 마음은 몹시도 안타깝구나."
(사랑의 메시지 1994년 10월 23일)

8. 한국교회는 나주에 강림하신 성체를 부정(否定)한다

"정말 잘 들어 두어라. 만일 너희가 사람의 아들의 살과 피를 먹고 마시지 않으면 너희 안에 생명을 간직하지 못할 것이다. 그러나 내 살을 먹고 내 피를 마시는 사람은 영원한 생명을 누릴 것이며 내가 마지막 날에 그를 살릴 것이다. 내 살은 참된 양식이며 내 피는 참된 음료이기 때문이다. 내 살을 먹고 내 피를 마시는 사람은 내 안에서 살고 나도 그 안에서 산다." (요한복음 6장 53~56절)

"지금 이 정화의 시기에 수많은 자녀들이 받은 은총에 대하여 감사할 줄 모르고 자신을 망각한 채 사탄이 조종하는 진실되지 못한 거짓증언을 듣고 나의 길에서 벗어나 판단하고 비판하고 단죄해 버린다."
(사랑의 메시지, 성모님 말씀 1994년 1월 21일)

"사랑하는 나의 자녀들아! 잘 들어라. 지금은 정화의 때인데도 많은 자녀들이 하느님의 말씀이 아닌 말에 혼미(昏迷)하고 있기에 부탁한다. 나의 원수인 마귀는 세계 여러나라와 많은 곳에서 속임수를 쓰며 초자연적 현상까지 써가면서 사람들을 속여 혼란과 분열을 추구한다."
(사랑의 메시지, 성모님 말씀 1991년 8월 27일)

인천교구 소속 김ㅇㅇ 신부는 2023년 8월 27일자와 8월 13일자 주보에서, '개별적 성체신심을 행할 때 주의해야 할 점'이라는 제목으로, 율리아 자매에게 나타났던 기적의 징표인 성체강림과, 율리아 자매가 미사 중에 영한 성체가 주님의 실체의 살과 피로 변화된 것에 대해서 다음과 같이 말했습니다.

1| 율리아가 사람을 시켜 성전 2층에서 제병을 뿌렸다.

2| 율리아는 성체를 영하고 자신의 입 속에서 성체가 육으로 변했다고 주장하며 입안에 든 고깃덩어리를 보여 주었다. 이로써 성체의 신비가 자신의 능력으로 세상에 드러나는 것처럼 주장하여, 자신이 영적으로 뛰어난 사람임을 보여 주고자 했다. 예수님은 축성시 하얀 제병 안에서 본질이 바뀌어 현존하시나, 우리가 육안으로 겉에서 볼 수 있도록 살과 피로 변화할 수는 없다.

본질의 변화를 통해 현존하시기에 내부사건이 외부에는 아무런 영향을 미치지 않는다. 형상은 그대로 남아있다.

3| 성체를 모실 때 사제가 주는 성체를 감히 내가 손으로 받을 수 없으니, 오직 입으로만 성체를 영하겠다고 고집한다.

그러므로 김ㅇㅇ 신부는, 나주의 성체신심은 성체에 대한 올바른 공경과 흠숭이 아니라 율리아 개인의 교만한 마음이 자기를 내세운 자기중심적인 개별적 신심에 불과한 것이라고 주장하였습니다.

먼저 이와 같은 그의 주장은 증거에 의해서 확정되고, 증명된 사실에 입각한 주장이 아님을 밝히겠습니다.

1|의 주장에 대해서:

성체가 강림하실 당시, 그 현장인 눈물과 피눈물을 흘리신 성모상 앞에는 기도하러 오신 분들, 즉 많은 순례자들과 신부님, 주교님 등이 목격할 때 발생한 현상입니다. 그 곳은 2층 구조물도 아니며 또한 순례자들을 속이기 위하여 성전 2층에서 사람을 시켜 제병을 뿌린다는 어설픈 행위를 한다는 것은 있을 수 없습니다. (마리아의 구원방주, 나주성모님동산, najumary.or.kr 검색, 확인할 수 있음)

2|의 주장에 대해서:

성체를 영할 때 율리아의 입에서 성체가 살과 피로 실체변화 한 것은 성당에서 신부님이 미사 집전 중에 성체를 나누어 주실 때 발생한 경우와, 신부님, 주교님, 또는 추기경님이 성모경당에서 미사 중 성체를 나누어 주실 때에, 신자들이 주위에 함께한 자리에서 발생한 성체의 실체변화이므로 김ㅇㅇ 신부가 주장하는 눈속임은 있을 수 없으며, 많은 현장의 목격자들에 의해서 사실로서 증명된 것입니다.(마리아의 구원방주, 나주성모님동산, najumary.or.kr 검색, 확인할 수 있음)

그리고 하느님의 원의에 의해서 특별한 은총의 경우에는 내부의 실체변화가 외부에 영향을 미쳐 성체의 겉에서 사람의 눈으로 직접 살과 피를 볼 수 있는 실체변화가 이천년 그리스도교회 역사에서 성인 성녀들의 개별적 신심을 통해서 적지 아니 있었음을, 이 중요한 사실을 김ㅇㅇ 신부는 언급하지 않았습니다.

그러므로, 성체신심과 관련하여, 성체가 사람의 육안으로 볼 수 있는 살과 피의 실체변화는 있을 수 없다고 생각하는 사제들이 한국교회에는 적지 않으므로, 부득이 성체가 살과 피로 실체변화한 역사적인 한 사건에 대해서 언급하지 않을 수 없습니다.

약 8세기 경 이탈리아 란치아노성당에서 성바실리오 수도회 소속 신부의 미사 집전 중에 발생했던 성체기적으로서, 미사 중 성찬의 전례 거행 시 제병과 포도주가 주님의 살과 피로 변화하여 미사를 집전하던 신부를 놀라게 했던 그 성체는 오늘날까지 보전되고 있습니다. 그 신부는 제병은 밀떡에 불과한 것이고 포도주는 포도주일 뿐이니, 성체를 거행하고 축성할 때, 정말로 주님의 살과 피로 변화한다는 건 믿을 수 없다고 생각해 왔습니다. 하느님의 놀라우신 은총으로 실체변화한 이 성체는 그 후로 많은 검증을 받았으며 현대의학에 의해서 남자의 심장의 살이며, 혈액형은 AB형으로 밝혀졌습니다. 성체는 오직 상징적 의미일 뿐 그리스도의 실존체(實存體)가 아니라고 주장하는 프리메이슨과 합세한 신부들이 원하는 과학적 검증도 완벽하게 거쳤던 것입니다.

또한, 율리아 자매가 바티칸의 초청을 받고 교황님을 알현하여, 요한 바오로 2세 교황님께서 미사를 집전하시고 교황님으로부터 입으로 성체를 영했을 때, 입 안에서 성체가 살과 피로 실체변화한 사건, 이 기적의 징표는 무엇입니까? 교황님께서 매직을 부리셨나요? 이 때 촬영된 동영상과 사진들이 나중에 이탈리아 국영방송의 성체기적 프로그램에서 방영되었습니다.

(najumary.or.kr 또는 마리아의 구원방주 또는 나주 성모님동산을 검색하여 확인할 수 있음)

제주교구의 김창렬 주교님이 눈물과 피눈물 흘리신 나주성모님상을 뵙고자 순례하러 오셨을 때도 성체가 내려 오셨습니다. 이걸 직접 목격하고 성체를 축성까지 하셨던 주교님이 돌아가서 교구의 수하 신부들에게 이 사실을 말했더니 수하 신부들은 김창렬주교님에게 그건 매직(magic 마술)이니 믿지말라고 말했다고 합니다. 이게 한국 가톨릭교회 신부들의 성체에 대한 신앙관입니다.(김창렬 주교님이 강림하신 성체를 축성하시는 장면의 사진은 마리아의 구원방주에 검색, 확인할 수 있음)

3|의 주장에 대해서:

요한 23세 교황 주재하에 개최되고 바오로 6세 교황 재위 시 폐회된, 1962~1965년 제2차 바티칸공의회에서 개신교의 대표자들이 대거 옵서버로 참석하였습니다. 교회일치운동의 일환으로 그들의 주장을 받아들여

'성찬의 전례'의 전통규례인 "오직 사제의 손에 의하여 신자들의 입으로 성체를 영함"과, 이외에도 "사제가 신자들의 손바닥에 성체를 주고, 신자들이 직접 손으로 성체를 만져서 성체를 영할 수도 있다"는 규례가 추가되어 선택할 수 있게 하였습니다. 말하자면 "오직 거룩한 성체는 성별된 사제의 손에 의해서 신자의 입으로 영함"에서, "성별되지 않은 일반인 신자의 손으로도 만질 수 있는" 일반적인 물건으로 전락(轉落), 취급되었습니다. 이로 말미암아 하느님이신 거룩한 그리스도의 성체에 대한 고매한 영적 신심이 격하된 것입니다. 이것은 바로 프리메이슨이 바라는대로 된 것입니다.

그럼에도 불구하고, 유독 한국교회의 신부들만 착각하거나 오해한 것인지 모르겠으나, 마치 '성체를 신자의 손으로 받아 모시는 것'이 새로운 규례인 양, '사제의 손으로부터 신자의 입으로 받는 영성체(領聖體)의 전통규례'를 행하는 나주성모님동산의 사제들을 이단 취급합니다. 영성체란, 예수님를 믿는 자들에게 영원한 생명을 주시는 귀중한 성체를 받아 모신다는 뜻이니, 함부로 대하거나 다루어서는 안되는, 살아 계시고 성스러운 하느님의 옥체이므로 불경하게 사람 손으로 만져서는 안됩니다. 아무리 예수님의 십자가 사건으로 성소의 휘장이 위에서 아래로 찢어졌다 할지라도 창조주와 피조물 사이의 절대위계(絕對位階)는 영원히 불변하며, 이것을 지키는 것이 신앙입니다. (바티칸 교황청과 아프리카나 유럽교회들은 여전히 전통규례의 성체성사를 대부분 시행함.)

제2차 바티칸공의회 때, 그때까지 시행되어 왔던 가톨릭 전통규례가 현대 교회로의 개혁이라는 모토 아래, 라틴어미사, 미카엘대천사구마경, 성수예절, 성모상의 성당 내 입상, 장궤틀 등의 전통을 폐지하거나 무시하거나 소홀히 함, 그리고 특히 성체 분배를 사제들뿐만 아니라 일반 신자들도 할 수 있음 등, 많은 변화가 생긴 것은 당시 프리메이슨의 입김이 크게 작용한 탓임은 부인할 수 없는 사실입니다.

지금 한국교회는 사제들과 신자들 절반 이상이 '성체는 예수님의 살아 있는 실존체(實存體)이다'라는 불변의 진리를 믿지 못하는 불신심의 위험 속에 빠져 있습니다.
이처럼 절박한 한국교회의 현실 속에서, 성체강림과 성체의 실체변화를 포함하여, 나주성모님동산에서 현현(顯現)한 갖가지 기적의 현상은, 정화와 대환난과 배교의 마지막 때를 통과해야 하는 하느님의 자녀들을 위하여, 하느님께서 성모님을 통해서 주신 거룩하고 엄위하며 자비로운 은총의 징표입니다.

프리메이슨이 잉태한 이성과 과학과 합리주의 사상에 의거한 자유주의신학에 물들어, 12 사도로부터 이어져 내려오는 이천년 정통교회의 전통인 영성신학을 거부하는 적지 않은 신부들처럼, 김○○ 신부가 성체신심을 빙자하여 나주성모님동산에서 발생한 엄위한 성체기적의 징표에 대하여, 이처럼 사실 확인이나 조사 한번 없이, 많은 신자들을 홀리는 거짓된 주장을 하는 것은, 사제로서 해서는 안 될 거룩한 그리스도의 성체에 대한 독성과, 불경스러운 궤변이라고 아니 할 수 없습니다.

"심판 날이 오면 각자 자기가 지껄인 터무니없는 말들을 낱낱이 해명해야 될 것이기에 이것은 바로 둘째 죽음과도 같다. 천사들을 시켜서 전한 말도 효력이 있으므로 그것을 어기거나 따르지 않는 자들은 모두 응분의 징벌을 받았는데 만일 그들이 이토록 측량할 수 없는 지고지순한 전대미문의 기적들을 외면하고 구원으로 이끄는 사랑의 메시지조차 묵살하고 괴리한 말로 영괴(靈怪)한다면 어떻게 징벌을 피할 수 있겠느냐?"
(사랑의 메시지, 예수님 말씀 2007년 11월 24일)

"내 아들 예수와 내가 나주에서 행하고 있는 전대미문의 기적들이 성 교회(聖敎會)에서 받아들여질 때 내 아들 예수와 나의 사랑은 활활 불타올라 초토 위에서라도 새싹이 돋아 날 것이며 하느님 진노의 잔 대신 축복의 잔이 내려질 것이다."
(사랑의 메시지, 성모님 말씀 2011년 3월 10일)

178

9. 가톨릭교회 회개를 위한 율리아의 대속(代贖)고통 봉헌 ─ "암흑과 불과 피의 벌을 자초하지 말아라."

율리아 자매는 1994년 2월 3일, 평소와 같이 하느님께 대속고통을 봉헌하고 있었습니다.

예수님의 메시지 말씀처럼, 온갖 죄악이 난무하는 세상을 덮치는 큰 재앙들이 이미 발등에 떨어졌는데도, 안일하게 생활하며 하느님을 촉범하는 인류를 구원하기 위하여 눈물과 피눈물로 회개를 촉구하시는 성모님을 생각하며, 이 날도 여느 때와 다름없이 하느님께 자비를 청하며 기도하였습니다. 그의 증언을 여기에 그대로 옮겨 놓겠습니다.

"오후 2시 30분 경 저는 머리에서 발끝까지 극심한 고통을 받고 있었습니다. 그 고통을 주님께 온전히 봉헌하며 성모님께서 며칠 전에 주셨던 사랑의 메시지 말씀을 생각하며 깊은 묵상에 잠겨 있었습니다.

얼마나 지났을까? 갑자기 빛이 비추어지면서 나주에서 눈물 흘리시는 성모님이 처음 눈물 흘리셨던 옷장 위에 나타나셨는데, 그 때 저는 심한 고통 중에 울고 있었습니다.

어렴풋이 보이는 성모님은 살아계신 모습으로 점점 변화되면서 아래로 내려오셨습니다.

머리에는 빛나는 왕관을 쓰시고 하얀 드레스에 파란 망토를 걸치시고 오른 손에는 묵주를 들고 허리에는 파란 띠를 두르신 모습이 아름다웠습니다.

성모님께서는 고통 중에 있는 저에게 따뜻하고 다정스럽게 그러나 조금은 안타깝게 말씀하셨습니다."

"지극히 사랑하는 세상의 모든 자녀들아!

지금 세계 각처에서 일어나는 여러 가지 사고를 우발적 사고라고 생각하지 말고 어서 깨어나 하느님의 진노를 막아야 한다.

예전에도 말했거니와 지금 자연질서가 깨어지고 전복이 빈번하게 일어나고 있다. 물, 불, 기아, 지진, 홍수, 가뭄, 해일, 교통사고, 질병, 대파괴, 갖가지 공해 그리고 이상기후, 전쟁 등으로 수천 수만명이 죽어가고 각종 불치병과 전염병으로 인하여 무수한 희생자들이 늘어난다.

설한풍은 겨울이요 새 싹이 돋아나면 봄이 온 줄 알면서도 너희는 왜 이러한 표징들이 대환난의 시작이란걸 모르느냐!

이러한 여러 가지 표징들은 대환난의 때가 다가왔다는 것을 너희는 알아야 한다.

암흑과 불과 피의 벌을 자초하지 말아라.

홍수 이전의 사람들은 노아가 방주에 들어가던 날까지도 먹고 마시고 장가 들고 시집 가고 하다가 홍수를 만나 모두 휩쓸려 갔다.

그들은 아무것도 모르고 있다가 홍수를 만났는데 지금 너희는 간절히 호소하는 나의 음성에 귀 기울이지 않고 있다가 그렇게 돼서야 되겠느냐?

너희 모두가 힘있는 나의 말을 잘 알아듣느냐 배척하느냐에 따라서 새로운 성령강림의 때와 정화의 때가 빨라질 수도 늦추어 질 수도 있으니 어서 순수한 아기가 되어 엄마의 말을 듣고 달려 오너라.

그러면 너희는 새로운 부활과 새로운 탄생으로 구원 받을 것이며 이 세상도 주님의 부활로 반드시 구원 받게 될 것이다."

(사랑의 메시지 1994년 2월 3일)

10. 프리메이슨의 교회 밖에서의 활동

18세기 초, 당시 유럽은 건축가들의 지위가 높았으므로 석공(메이슨)들은 국경을 자유롭게 넘나드는 등, 갖가지 특권을 누렸는데, 외국여행이 금지되었던 유대인들이 이 특권을 갖고자 입회하는 숫자가 늘었습니다.

그들은 우수한 재능으로 각 롯지(집회소)에서 중요한 위치를 차지하게 되어 그 특권을 이용, 그들의 염원인 유대민족의 독립과 세계 제패를 노리게 되었으며 이렇게 하여 프리메이슨은 유대인 시온운동과 결합하여 세계 지배라는 목적을 위해 활동하기에 이르렀습니다.

1730년 프리메이슨이 유럽에서 뉴욕에 처음 상륙한 후 1776년 미국의 독립선언, 왕권을 무너트린 1789년의 프랑스 시민혁명, 1821년 멕시코의 독립, 1861년 가리발디의 이탈리아 통일, 1917년 레닌의 소비에트공화국 건립 등 이러한 일련의 전쟁과 혁명은 모두 프리메이슨의 책동이 숨어 있었으며 20세기에 이르러 미국은 프리메이슨의 나라가 되어버렸으니, 정치, 사법, 외교, 군사, 경제, 금융, 예술, 학문, 종교, 과학 등 모든 분야의 저명인사들이 회원이 되어 각계를 주도하고 있습니다.

미국의 경우는 세계에 미치는 영향력이 매우 크기 때문에 좀 더 자세히 알아 보겠습니다.

미국 초대 대통령인 조지 워싱턴과 미국을 대표하는 석학 벤자민 프랭클린은 프리메이슨 인맥을 동원해 영국과의 독립전쟁을 승리로 이끌었습니다.

이 당시 이들 외에도 미국 독립의 아버지라 불리우는, 밀수업자 존 핸콕, 3대 대통령이 된 토마스 제퍼슨 등도 프리메이슨으로서 미국독립에 큰 공헌을 했습니다.

조지 워싱턴은 프리메이슨 조직을 공식적으로 인정하고 활용하며 그 조직의 확산에 많은 공헌을 했습니다.

이들은 독립 후 당당하게 프리메이슨의 사상에 근거하여 워싱턴 D.C.를 설계 및 건설했습니다 이것은 미국민들이 프리메이슨을 미국 건설의 주축인 '애국적 집단'으로 간주했기 때문에 가능한 일이었습니다. 그리하여 1820년대 즈음, 프리메이슨은 미국의 작은 마을과 주 의회까지 장악하였습니다.

그러나 이 비밀결사조직은 그들의 죄악이 밝혀지는 범죄사건을 통해 '미국에서 없어서는 안 될 바람직한 단체'에서 '미국의 죄악을 대표하는 단체'로 전락했습니다. 그후 그들의 활동은 크게 위축되었고 점차 지하로 숨어들었습니다.

이와 같이, 초대 대통령부터 버락 오바마 까지 다수의 대통령들이 프리메이슨 엘리트회원으로서 정계에서 활동하였고 재계에서는 록펠러일족(一族)이 중심이 되어 세계의 재벌들인 모건, 메론, 로스차일드, 빌 게이츠 등과 손잡고 무수한 다국적 기업들을 거느리고 재계를 지배하고 있습니다. 국제적인 조직으로는 우리도 잘 알고 있는 세계경제포럼(world economy forum)과 국제결제은행(BIS:Bank for International Settlements) 등이 있습니다.

이들 고위급 프리메이슨들은 유대인들을 중심으로 세계정부수립을 위해 힘쓰고 있습니다. 2차 대전 이후, 세계 역사에 록펠러일족이 미치는 영향력은 현재도 거대한 부와 경제뿐만 아니라 정치 영역에서도 막대합니다. 많은 미국의 대통령과 국가 지도자들이 록펠러 일가의 사용인이 되어왔습니다.

한편, 다른 대륙의 진출에 관해서 잠시 알아보겠습니다.

유럽은 18세기 후반에 증기기관과, 19세기 초에 전기의 발명으로 이루어진 1, 2차 산업혁명을 통한 자본주의의 발달과 더불어 유럽 열강들의 제국주의가 팽창하기 시작합니다.

이에 따른 심화된 국가주의적 패권과 이데올로기적 경쟁은 세상을 물질과 자본만을 추구하는 약육강식의 정글로 바꾸어 놓았습니다.

이들 제국주의 열강들은 20세기 초까지도, 세계시장 개척을 위해 아시아에 진출하여, 아시아 국가들의 식민

지화 및 경영과 함께 프리메이슨 활동도 겸행하였습니다.

인도와 중국의 경우는 영국계 프리메이슨이, 인도네시아와 자바는 네델란드계가, 필리핀은 미국계 프리메이슨의 롯지(집회소)가 세워졌으니 과히 세계적으로 이 세력의 뿌리가 뻗어있음에 놀라지 않을 수 없습니다.

프리메이슨 세력은 라틴 아메리카에도 손을 뻗쳐 그곳의 민족독립운동에 가담하였으며 오늘날에도 정치적 영향력을 가진 조직으로 살아있습니다.

일본의 경우 19세기 중반인 1850년~1870년 사이에 시행된 메이지유신이 이같이 단기간에 성공을 거두어 국력이 크게 신장된 것은 보이지 않는 손인 프리메이슨을 배후로 둔 영국과 유럽 정치세력의 적극적인 조력이 작용했다고 볼 수 있습니다.

우리나라는 일본에서 활동하던 영국인이 한국에 들어와서 언론인 활동을 하며 1908년 처음 한국프리메이슨 한양지부를 설립하였습니다.

여기서 빼놓을 수 없는, 우리 민족의 운명과 미래를 바꿔놓았던 역사적 사실 하나를 지적하겠습니다.

1905년 7월 미국과 일제(日帝) 사이에 맺은 '가쓰라-테프트밀약'입니다 미국과 일제가 필리핀과 대한제국에 대한 서로의 지배권을 인정한 이 밀약으로써 일제는 제국주의 열강들의 묵인아래 11월 을사늑약, 1910년

강제병탄(強制竝呑)으로 드러내 놓고 한반도를 식민지화하였으며, 이 밀약의 정치세력 배후는 암암리에 작용하는 보이지않는 손인 프리메이슨이었습니다. 국가와 사회 시스템의 기본이 정치이므로 이들은 드러나지 않는 방법으로써 직간접적으로 정치에 관여합니다.

이처럼 프리메이슨은 세계 최대 조직의 비밀결사단체입니다.

공식적으로는 세계에서 가장 오래된 우호 단체를 주창하고 자유 평등 박애를 표방해 보이스카우트, 적십자, 로터리 클럽 등을 통한 복지, 자선사업을 지구적으로 전개하고 있습니다.

그러나 그것은 어디까지나 대외적인 얼굴일 뿐이며, '내쇼날 지오그래픽', '스미쏘니언 뮤지움' 등이 그들의 손 안에서 무신론과 진화론을 확산시키는 데에 기여하고 있으며 이 비밀결사체가 암암리에 무슨 사업들을 하는지는 지금도 고위층 엘리트 회원밖에 모르고 있습니다. 그러나 분명한 사실은 그들이 역사를 관통하는 장세월(長歲月)에 걸쳐 가톨릭세계에 반대하며, 더 나아가서 가톨릭교회를 파괴하고자 끊임없이 음모적 활동을 해 왔다는 것입니다.

11. 프리메이슨의 목적

그리스도께서는 하느님께 당신 자신을 온전한 희생 제물로 바치시어, 인류의 죄악을 속량(贖良)하심으로써 인류를 구원하셨습니다.

그러나 이에 반해, 사탄은, 모든 인류가 구원받지 못하게 하는 것, 더 나아가서 하느님의 백성인 인류를 빼앗아 자신의 종이요 노예 즉, 자신의 백성으로 삼는 것이 목표입니다.

천상에서 천사들 가운데 최고의 자리에 있던 루치펠은 '빛의 천사'로 예지와 힘을 가지고 있었으나, 자신을 과신하여 교만해져 창조주이신 하느님의 자리에 서려고 하느님께 대적하다 저주를 받았습니다.

루치펠(영어로는 루시퍼lucifer)은 함께 추방당한 타락한 천사들의 우두머리 악마 사탄이 되어 지난 이천년 세월을 오직 가톨릭교회만을 공격해 왔습니다. (오늘날은 각 종파들은 물론이고 프로테스탄트교파들에도 침투했으며 이단교회들 대부분이 그들에 의해 물이 듦.)

사탄은 이 세상을 하느님 없는 세상, 그리스도 없는 세상, 그리스도교 신자 없는 세상을 만들어서 궁극적으로 모든 인류를 지옥의 불못으로 끌고 가려면 무엇보다도 진리의 정통성을 보유한 가톨릭교회를 파괴해야함을 잘 알고 있습니다.

사도로부터 전래된 유일한 정통교리의 가톨릭교회만이 구원의 보루이기 때문이며 가톨릭교회는 '베드로'(반석) 위에 세워져 쉽게 붕괴하지 않기에 자신이 오랫동안 준비해온 지상의 비밀결사조직인 프리메이슨을 통하여 처음부터 가톨릭교회를 말살하는 것을 그의 우선 목표로 삼았던 것이며 교회프리메이슨인 '마쏘네'를 교회의 심장부까지 침투시켜 교회가 스스로 파멸하도록 내부 분열의 음모를 획책하여 왔던 것입니다.

이탈리아를 통일한 프리메이슨 가리발디는 1872년 다음과 같이 말했습니다.

"우리의 최종 목적은 가톨릭 신앙의 근절이다. 유대인이 메시아를 기다리듯, 우리는 이 최종 목적에 동의하는 한 명의 메이슨 교황을 기다린다. 노인이나 성인은 차치하더라도 젊은이나 어린이 곁으로 나가 프리메이슨 사상을 침투시켜라. 특히 대학생이나 성직 지망자들의 주의를 끌도록 하라. 그들 젊은 성직자들은 몇 년 안에 교회의 모든 중요한 지위를 손에 넣을 것이다. 그들은 군림하고, 통치하며 심판할 것이다."

장차 그들은 그들의 세계 제패, 세계 지배에 가장 강력히 반대하는 지구적 걸림돌인 가톨릭교회를 파괴함으로써 그들의 지상 국가를 세우는 계획을 성취코자 노력하는 것입니다.

더 나아가서 프리메이슨의 지상목표는 전 세계 모든 인류를 하나의 통일된 세계국가로 만들어 전체주의 이념 아래 궁극적으로 사탄이 지배하고 통치하는 나라를 만드는 것입니다.

그들은 20세기에 들어와서 전 세계의 나라들을 10개 권역(Ten World Regions)으로 구획화한 세계 전도를 1941년 발행하였으며, 통치를 위한 세계정부를 만들기 위해 1945년 UN을 설립하였습니다. UN을 우리는 '국제연합'이라고 부르고 있으나 사실, 'the United Nations'는 '통합된 국가들'이라는 뜻입니다.

그들은 '표범 같은 열 뿔 달린 짐승'(요한묵시록 13장 1~3절)인 프리메이슨조직의 최상위 명령자를 세계의 지배자 황통령으로 세우고 그 아래 이 10개 권역을 각각 관할, 통치하는 10명의 대총통을 임명하여 전 세계를 통일된 단일국가로서 함께 통치할 것입니다.(지배자들을 어떻게 명명할 것인지는 아직 모름)

10개로 분할된 권역의 우두머리 대총통들 사이에서, 자신에게 거역하는 3개 권역의 대총통들과의 권력투쟁에서 승리한 프리메이슨 최상위 명령자를, 그들은 세계 단일국가를 다스릴 황통령으로 추대하여 강력한 권력을 위임할 것입니다.

　최상위 권좌에 앉은 그는 무소불위(無所不爲)한 권세로써 특히 유대교와 그리스도교의 율법, 각종 제사 그리고 과월절, 부활절, 크리스마스 같은 축제일과 미사 성제 등 거룩한 하느님의 법규를 변개할 것입니다.

　성경은 그들의 음모를 한 점의 착오도 없이 보여주고 있는 바, 마지막 때의 세상은 성경의 예시대로 자명하게 이루어 질 것입니다.

　"넷째 짐승의 머리에는 뿔이 열 개가 돋아 있었고 새로 뿔 하나가 나오자 뿔 셋이 떨어져 나갔는데 그 뿔은 눈도 있고 입도 있어서 건방진 소리를 하고 있었다....그 뿔은 거룩한 백성을 쳐서 정복하였다.... 넷째 짐승은 네 번째로 일어날 세상나라인데 그 어느 나라와도 달라, 온 천하를 집어 삼키고 짓밟으며 부술 것이다. 뿔 열 개는 그 나라에 일어날 열 임금을 말한다. 이들 임금 다음에 다른 임금 하나가 일어날 터인데 그임금은 먼저 일어난 임금들과는 달라 그중 세 임금을 눌러 버릴 것이다. 그는 지극히 높으신 하느님을 섬기는 거룩한 백성을 못살게 굴 것이다. 축제일과 법마저 바꿀 셈으로 한 해하고 두 해에다 반년동안이나 그들을 한 손에 넣고 휘두를 것이다."

　　　　　　　　　　　　　(다니엘서 7장 19~25절)

　"네가 본 열 뿔은 열 왕이다. 그들은 아직 나라를 차지

190

하지는 못했지만 그 짐승과 함께 한때 왕노릇할 권세를 받을 것이다. 그들은 모두 한 마음이 되어 자기들의 권력과 권세를 그 짐승에게 내어 줄 것이다."

(요한 묵시록 17장 12절~13절)

　그들의 괴수(魁首) 루치펠은 이 하나의 목표 달성을 위해서 이미 이천년 전부터, 아니 '에덴동산'에서 하와를 유혹하여 하느님의 주권(主權 SOVEREIGNTY)을 침노(侵擄)할 때부터 계획을 시행해 왔으니, 그들이 오랫동안 추구해온 '신세계질서'란 궁극적으로 반신본주의(反神本主義)원칙 아래 세계단일정부, 세계단일종교, 세계단일교회를 만들어 이를 수단으로 세계의 시민들을 통치하려는 거짓된 명목에 불과한 것입니다. (미국의 역대 프리메이슨 대통령들은 대중연설을 할 때 미래의 세상과 연계하여 이 신세계질서 'New World Order'라는 단어를 사용했음.)

　세계를 하나로 묶은 전체국가는 민족, 국가, 종교, 정치, 경제 등에 모든 사회적 구별과 차별을 없애 세계 시민들을 일사분란하게 통제하며 그럼으로써 세계 시민들은 그들의 계획대로 신세계질서의 단일정부, 단일종교, 단일교회의 일원이 되는 것입니다.

　프리메이슨 내에서 수뇌인 유대인학자들은 지구의 두뇌로서 주도적 역할을 하고 있으며, 국제 유대인 자본은 전 세계의 경제력을 장악하고 세계통일의 프로그램을 착착 진행시키고 있습니다.

그들은 세계를 단일경제권으로 만들기 위해 금융위기를 이용하며 보호무역을 철폐하고 자유무역을 권장하며 세계화 및 신자유주의정책을 각국 정부가 채택하도록 유도하였습니다.

그들은 또한 세계단일국가를 성취하기 위해서는 무엇보다도 인간의 정신세계를 미혹하여 장악해야함을 잘 알고 있기에, 각별히 새로운 단일종교의 생성에 집중합니다.

그들은 세계교회협의회(WCC:World Council of Churches)를 앞세워 에큐메니칼 운동을 통하여 유대교, 가톨릭교회, 개신교(프로테스탄트교회), 동방정교회, 힌두교, 불교, 이슬람교, 유교, 샤머니즘, 뉴에이지종교(뉴에이지운동은 단순한 문화운동이 아님) 등 전 세계의 모든 종교를 총 망라하여 세계단일종교를 만들 것입니다. 미국에서 CNN을 창립한 테드 터너는 프리메이슨 일원으로서 '세계단일교회'를 설립하는 조건을 달고 UN에 20억 달러를 기부한 바 있습니다.

12. 세계단일국가의 형성

    그들은 통일된 세계단일국가를 만들기 위하여 어떤 방법들을 사용할까요?

    그들은 암암리에 배후에서 인류역사의 흐름을 바꾸는 사회 변혁을 꾀합니다.

    앞서 말한 미국의 독립선언, 프랑스 시민혁명, 이탈리아 통일, 소비에트공화국 건립 등 이러한 일련의 혁명들은 모두 보이지 않게 작용한 프리메이슨의 책동이었습니다. 그뿐만 아니라 국가의 위난이 발생했을 때 그 위난을 극복하기 위한 해결방법을 이유 삼아 그들이 추구하는 법률을 제정하도록 유도합니다.

    그들은 또한 사회에 큰 영향을 미칠 수 있는 사건 사고를 자의적으로 일으킵니다.

    "여러 모습들로 세상을 뒤집어 놓은 사건 사고들" (사랑의 메시지 1994년 2월 3일)은 이런 사건 사고가 겉으로 보기에는 자연적으로 발생한 것들에 불과하지만 그들이 추구하는 국가를 만드는 데 크게 이바지하는 기획된 사건이나 사고입니다.

    그들은 이러한 사건 사고가 다시는 발생하지 않도록 미연에 방지 또는 사후처리를 위하여 시민들의 자유를 제한하는 법률을 입법화하지만 시민들은 사회 및 국가의 안녕, 안전, 질서 그리고 안보를 위하여 불가피하다고 느끼게 되는 것입니다.

미국에서 역사의 흐름에 중요한 변곡점이 되었던 두 가지의 실례를 들어 보겠습니다.

첫 번째는 '연방준비제도'(Federal Reserve System)에 관한 것입니다.

1913년 12월 23일 크리스마스이브를 하루 앞 둔 미국의 의회는 한산했습니다. 의원들 다수는 크리스마스 휴가를 떠나버렸기 때문이었습니다. 이 때 상원의원 넬슨 올드리치가 발의한 법안이 날치기하듯 순식간에 통과되어 버렸습니다.

바로 '연방준비법'인데 이 법률에 의해 '연방준비은행'이 설립됩니다. 넬슨 올드리치 상원의원이 발의한 것이지만 연방준비법은 사실 유럽의 금융세력에 의해 기획되고 진행된 것입니다.

당시 유럽의 금융시장은 금융제국이라고 일컬어지는 로스차일드가(家)가 장악하고 있었는데, 이들은 새로운 시장을 탐색하면서 미국 시장의 가능성에 초점을 맞추고 미국에로의 진출 시기를 조율하고 있었습니다.

개척 시대를 지나면서 미국에서는 산업화가 전개되어 막대한 자금이 움직이고 있었지만 금융업을 죄악시하던 청교도들로 인해 자금을 운용하고 관리할 사람이 없었습니다.

결국 유럽에서 처럼 미국에서도 유대인들이 자연스럽게 금융업을 담당하게 되었고 로스차일드는 이틈을 이용해 미국에 선발대로 독일계 유대인으로서 쿤뢰브 은행의 대표인 바르부르크를 보냅니다.

바르부르크를 위시한 유럽의 유대인 금융세력들은 시시때때로 자신들 마음대로 할 수 있는 민간중앙은행을 설립할 기회를 노립니다. 그들이 그토록 원해온 '통화 발행권'을 차지하기 위해서였습니다.
그러나 잭슨 대통령(1829~1837)과 링컨 대통령 (1861~1865)은 이들의 의도를 극력 저지합니다.

미국은 19세기 후반 남북전쟁의 종료 후 전쟁의 상처를 치유하기 위해서 무엇보다도 경제회복이 시급한 과제였습니다. 그러나 과도한 철도건설에 따른 시장과열의 붕괴, 밀가격의 폭락, 홈스테드 파업, 금은본위제도의 불안정과 이로 인한 투자와 통화의 불안, 뱅크런에 의한 은행도산, 기업도산과 실업자상승 등으로 경제는 더욱 불안한 가운데 1893년, 이제까지 최악의 경제불황을 경험합니다.

이러한 금융사태는 1900년 이후 국가 전체의 금융위기로 까지 이어졌으며 드디어 미국의 경기침체와 도산이 공황의 기미를 역력히 보이자 로스차일드와 제이 피 모건은 연방정부에 위기를 해결할 방법을 제시함으로써 미국의 민간중앙은행 설립의 칼자루를 쥐게 됩니다.

정부는 1907년 민간중앙은행의 준비를 위해 '국가통화위원회'를 설립하는데 이 기관은 유대 금융기관들과 모건 가문의 핵심들로 구성되었습니다.

1910년에는 모건 가문의 핵심 멤버들과 유대인 은행가들이 비공개 회합을 갖고 바르부르크의 주도로 연방준비법의 시안을 작성합니다. 이 시안은 3년 후 유대 은행가들의 사주를 받은 넬슨 올드리치의 발의를 거쳐 정식으로 입법화되어, 유대인 금융세력의 꿈은 드디어 현실이 되었습니다.

즉, 미국의 연방준비법은 연방정부가 아닌 바르부르크를 중심으로 한 유대계 유럽금융세력에 의해서 만들어진 것입니다. 그리하여 세계 경제를 주무르고 세계 최강국의 통화를 찍어낼 수 있는 통화 발행권과 세계 경제 대통령의 자리를 지금도 유대인들이 선점하고 장악하고 있는 것입니다.

이 '연방준비제도'의 법령은 미국의 통화이자 세계 기축통화인 달러를 국제민간은행이 생성할 수 있게 허락할 뿐만 아니라 금융 및 통화와 관련된 모든 정책, 금리, 외환, 결정, 감독, 규제, 서비스제공 등 본래 정부주도 중앙은행이 해야 할 모든 일을 이 국제민간은행이 '연방준비은행'의 이름으로 도맡아 하도록 규정하고 있습니다.

쉽게 말해서 민간 은행가들이 막강한 힘으로 중앙정부의 개입을 철저히 배제한 민간중앙은행을 만들어, 국가 및 세계 경제를 쥐락펴락하고 있는 것입니다.

한마디로 국민의 권력이 국가기관이 아니라 유대 금융세력에게 넘어가 그들의 손 안에 장악된 것입니다.

이 연방준비법에 서명한 우드로 윌슨 대통령 (1913~1921 재임)은 후일 이렇게 한탄했습니다.

"나는 가장 불행한 남자이다. 나도 모르게 이 나라를 망쳐버렸기 때문이다. 이 위대한 국가를 그들의 대출거래시스템 하에 놓이게 하다니, 우리의 통화 경제는 이제 그 소수가 좌지우지하게 돼버렸다. 국가의 경제 성장과 우리의 모든 활동이 그 소수 인간들의 손아귀에 놓인 것이다. 우리는 최악의 상황에 놓이는 지경에 이르렀다. 우리들은 완전히 통제 당하고 있다. 문명사회인데도 정부가 그들에게 지배당하고 있기 때문이다. 이제 우리의 정부는 더 이상 자유로운 의견과 양심을 대변하는 다수를 위하여 표결할 수 없다. 단지 그 소수 지배집단의 의견과 협박에 복종하는 그들만의 정부가 되버렸다."

두 번째는 국토안보부 신설에 관한 것입니다.

미국에서 2001년 9월 11일 뉴욕의 월드트레이드센터빌딩과 워싱턴의 국방부 건물에 동시 다발 자살테러가 발생하여 사망자만 3,500여 명, 미국민은 물론 전 세계가 경악했습니다. 이 사건은 전 지구적으로 안보 및 국방비를 가장 많이 쓰고 제일의 방위력을 자랑하는 미국민에게 있을 수 없는 치욕의 역사였습니다.

이 가공할 사건은 유사시 개인의 자유와 기본권을 제한하는, 기존의 22개 정부조직을 개편한 국토안보부 신설 및 관련법안을 입법, 일명 '미국애국자법'(정식 명칭은 테러방지법)을 2001년 10월에 통과시키는 결과를 낳았습니다. (이후, 이 법은 테러 및 범죄 수사에 관하여 시민의 기본권과 자유를 지나치게 제약하는 독소조항 때문에 2015년 폐지, 수정되어 '미국자유법'으로 대체되었으나 이법도 9.11테러 전보다 시민의 기본권과 자유를 훨씬 제한하는 법률임)

미국민들은 9.11테러가 발생한 숨은 원인과 배후가 무엇이었는지 알 수 없듯이, 국토안보관련법이 만들어진 숨어있는 이유와 배후세력이 무엇인지 알 수 없으며 유사시 그들의 생명과 재산과 자유가 얼마나 어떻게 제한될 것인지를 지금은 알 수 없습니다.

분명한 것은 '대국민테러방지와 안전을 위하여, 국가비상사태를 대비하여, 시민사회생활의 개선을 위하여, 그리고 시민경제생활의 편익을 위하여' 라는 대의명분하에 시민들이 평소 생활에서는 전혀 느끼지 못하는 다양한 자유제약의 법률들과 정책들이 만들어졌습니다.

미국뿐만 아니라 전 세계 국가들이 이와 같은 강제성 없는 과정과 방법을 통하여 서서히 자연스럽게 그리고 시민들은 전혀 눈치 채지 못하게, 그들이 지향하는 방향으로 그들의 세계단일국가 형성계획을 진행시켜 갑니다.

시민들이 무언가 세상이 달라졌음을 깨달았을 때는 이미 자신들의 자유와 권리의 많은 부분이 지배자의 손아귀에 놓여진 상황에 처하게 될 것입니다 결국 전 세계 통치를 위한 단일정부, 단일국가가 형성될 것입니다.

13. 세계단일국가의 운영과 마이크로칩

그들은 수 세기에 걸쳐 몇 차례의 산업혁명을 거치면서 세계의 우수한 두뇌들이 개발한 집적된 기술을 응용하여, 시민들을 손쉽게 통치할 수 있는 방법을 연구해 왔으며 현대에 이르러 전자화 및 컴퓨터화한 단일체제의 유통시스템을 만들었습니다.

이 새로운 유통시스템을 위한 디바이스(device)는 바로 RFID(전자테그)를 활용한 마이크로칩입니다. 미국은 테러와의 전쟁과 출입국관리를 위해서 2005년 'Real ID 신분법'이 연방의회에서 통과되어, 2013년부터 전국 단위로 시행을 시작, 2017년 12월1일까지 전 미국인이 이 신분증을 취득해야만 국내외 항공기탑승, 국외출입, 연방건물출입 등을 할 수 있습니다.

이 신분증은 개인정보가 저장된 바코드가 새겨진 카드형태로서 장차 'RFID칩'으로 가는 중간 단계입니다. 이 RFID 마이크로칩은 시민 누구에게나 적용 가능한 기술적 방법으로 생체 내에 이식하여 손쉽게 시민들을 통치할 수 있는 수단입니다. 앞으로 더욱 더 개발된 금융 및 유통경제시스템이 나타나면 정부의 업무전자화와 시민경제활동의 편의성을 위한 명목으로, 사회활동, 금융 및 유통 경제활동 등 모든 시민생활을 정부가 통제할 수 있도록 시민 개인들의 신상정보를 저장한, 이 마이크로칩을 더욱 더 전자화, 정밀화, 단순화시킨 칩이 나올 것입니다.

이 칩은 첫째, 시민들의 거래 및 매매와 같은 경제활동을 통제할 수 있습니다.
이 칩을 이마나 손에 간단하게 이식하면, 화폐나 각종 카드 없이 거래 및 매매활동을 할 수 있습니다 모든 사회제도와 법률이 이 같은 첨단 칩 운용을 원활하게 하도록 구비되어지고, 이 칩을 이식하지 않은 사람은 매매를 비롯하여 모든 경제활동을 할 수 없게 됩니다.
둘째, 시간이 지나면 자연스럽게 시민들의 정치사회 활동 전반에 까지 감시 통제할 수 있도록 이 칩을 활용할 것이며, 시민들의 모든 시민활동은 이 칩에 의해서 아주 자연스럽게 감시, 통제될 것입니다. 머지않아 이 세상이 단일정부의 요구대로 생체 내에 칩을 이식하는 시민들만이 삶을 영위할 수 있는 세상으로 바뀌게 될 것입니다.

이 칩이 엄청난 단일정부의 통제수단이라는 것을 깨닫고 이식을 거부하거나, 저항하는 사람은 매매활동을 포함한 모든 사회활동이 정지될 수밖에 없습니다. 처음부터 공권력을 동원하지는 않겠지만 이쯤 되면 수많은 사람.들이 주저하지 않고 정부가 원하는 대로 칩을 이식하게 될 것입니다 그렇다면 이 칩은 무엇일까요? 과연 우리가 이 칩을 서슴없이 받아드려도 될까요?

'요한 묵시록'은 마지막 때에 세계정부의 지배자가 어떠한 방법으로 시민들을 통치할 것인지 구체적으로 묘사하고 있습니다.

'요한 묵시록'은 예수님께서 제자들의 질문에 응답하신 마지막 때에 관한 예시(마태오복음 24장)를, 훗날 성령께서 사도 요한에게 특별하게 계시(啓示)하신 것이므로, 이 '요한 묵시록'을 통해 자세히 알아보도록 하겠습니다.

14. 짐승이 통치하는 사탄국가

나는 짐승 하나가 바다에서 올라오는 것을 보았습니다. 그 짐승은 뿔이 열 개이고 머리는 일곱이었습니다. 그 뿔에는 각각 관이 하나씩 씌워져 있었으며 그 머리마다 하느님께 모독이 되는 이름이 쓰여 있었습니다. 내가 본 그 짐승은 표범과 같았는데 그 발은 곰의 발과 같았고 그 입은 사자의 입과 같았습니다 … 그들(온 세상 사람들)은 그 짐승에게 절을 하며 "이 짐승처럼 힘센 자가 어디 있는가? 누가 이 짐승을 당해 낼 수 있겠는가?"하고 외쳤습니다. 그 짐승은 하느님을 모독하기 시작했고 하느님의 이름과 하느님의 집을 모독했으며 … 성도들과 싸워 이길 힘을 받았고 모든 종족과 백성과 언어와 민족을 다스릴 권세를 받았습니다 … 땅위에 사는 사람들 중에 죽임을 당한 어린 양의 생명책에 천지창조 때부터 이름이 올라와 있지 않은 자들은 모두 그에게 절을 할 것입니다.   (요한 묵시록 13장 1절~8절)

먼저 이 짐승이 무엇인지 알아보겠습니다.
바다에서 올라오는 이 짐승은 천상에서 하느님께 대적하고 추방당한 사탄인 '붉은 용'(묵시록 12장 3절)의 영을 받은 '프리메이슨'입니다.
이 악마 집단인 프리메이슨은 '붉은 용'으로부터 지상에서 '모든 종족과 백성과 언어와 민족을 다스릴 권세'를 받았으므로 가장 거대하고 가장 막강한 세력으로써, 그들의 계획대로 세계전체국가를 세웠으며 '하느님을 거역하고, 하느님을 모독하고 하느님의 이름과 하느님의 집을 모독하는' 것은 하느님께만 드려야할 예배를 이 '붉은 용' 사탄에게 바치고 검은 미사나 악마 숭배와 같은 괴악한 행위를 함으로써 하느님을 모독하는 것을 목표로 합니다. (곱비신부에게 주신 성모님의 메시지)

그리고 이 '바다에서 올라온 표범 같은 짐승'은 사탄의 영을 받았으므로 지상에서 활동하는 사탄의 대리자요 그의 방대한 하수인(下手人)조직입니다.

다시 말해서, 바다에서 올라온 표범 같은 짐승이 바로 프리메이슨이며 막강한 독재 권력을 가지고 세상을 지배하므로 '생명책'에 기록되지 않은 사람들한테 경배를 받습니다.

이번에는 또 다른 짐승 하나가 땅에서 올라오는 것을 나는 보았습니다. 그 짐승은 어린 양처럼 두 뿔이 있었으며 용처럼 말했습니다. 둘째 짐승은 첫째 짐승이 가진 모든 권세를 그 첫째 짐승을 대신하여 행사하고 있었습니다. 그리고 땅 위에 사는 사람들로 하여금 그 첫째 짐승에게 절하게 하였습니다 ... 그리고 그 첫째 짐승을 대신해서 행하도록 허락받은 기적을 가지고 땅 위에 사는 사람들을 현혹시켰습니다. 또 땅 위에 사는 사람들더러 칼을 맞고도 살아난 그 짐승을 위하여 우상을 만들라고 하였습니다. 그리고 둘째 짐승이 권한을 받아서 첫째 짐승의 우상에게 생기를 불어넣어 그 우상으로 하여금 말을 하게도 하고 또 그 우상에게 절을 하지 않은 사람들을 모두 죽이게도 하였습니다.

(요한 묵시록 13장 11절~15절)

    땅에서 올라오는, 둘째의 어린 양 같은 짐승의 정체는 교회 내에 침투한 '교회 프리메이슨', 즉 나주 성모님께서 '사랑의 메시지'를 통해 여러 번 경고하신 '마쏘네'입니다.

    '마쏘네'는 바다에서 올라온 표범 같은 짐승인 '프리메이슨'으로부터 명령과 권력을 위임받아 교계제도 안에 침투하여 암암리에 활동합니다. 이 어린 양 같은 짐승, '마쏘네'는 '십자가 위에서의 죽음과 부활의 역사적 그리스도'를 파괴함으로써 '그리스도의 신비체'인 교회를 파괴하는 목적을 갖고 있습니다.

    예수님께서는 진리인 신앙의 유산 전체를 온전히 보존하도록 교회에 위탁하셨습니다. '마쏘네'는 종교다원주의를 활용하여 이단을 포함한 모든 그리스도교파들이 각각 진리의 일부를 보유하고 있다는 주장으로 그들 모두를 수용하도록 유도하는 그릇된 교회일치 운동을 통해 이 진리를 파괴하여, 가톨릭교회를 포함한 모든 그리스도교 신앙을 융합하고 더 나아가서 모든 종교들을 융합한 세계단일의 거짓교회 건설을 추진합니다.

그러하기에 '마쏘네'는 간교하고 음흉하게 탄탄한 '가톨릭교회 일치의 기초'인 교황을 공격함으로써 교회를 파괴하려고 힘써왔으며 교황을 거슬러 불일치와 반대의 음모를 꾸미고, 그를 헐뜯으며 순종하지 않는 자들을 지원하고 상찬하며, 주교들과 신학자들의 비판과 논쟁을 널리 퍼뜨립니다. 이와 같은 '마쏘네'의 공작으로 교황과 일치한 주교들은 힘을 잃고, 추기경과 추기경이, 주교와 주교가 대립하여 마침내 교회는 일치가 깨어지고 심하게 분열될 것입니다.

그리하여 성 비오 10세 교황께서 "이제부터 교회의 원수는 신학교 안에 있다"고 지적하신 후 50여 년이 지난 1956년에는, 후에 베네딕도 16세 교황이 되셨던 요제프 라칭거 주교가 "그야말로 거짓그리스도(적그리스도)는 교회에 속해 있고 교회 안에서 자라나며 엄청난 분열을 일으키는 가운데 마침내 본 모습을 드러내기 시작했다."고 폭로하였습니다.

어린 양 같은 짐승인 '마쏘네'의 암약(暗躍)과 책략은 결국 가톨릭교회를 붕괴로 몰고 갈 것이며 이 붕괴의 터전 위에서 '마쏘네'는 막강한 세계 지배자인 첫째 짐승을 우상화하여 거짓 그리스도(적그리스도)와 거짓 교회를 세움으로써 '그리스도와 그분의 교회'를 파괴하려 들 것입니다.

'마쏘네'는 '용'(사탄)으로부터 능력을 받았으므로 여러 가지 큰 기적을 일으켜서 세상 사람들을 현혹시키고 첫째 짐승의 우상을 만들어 이 우상에게 생기를 불어넣어 말을 하게 함으로써 사람들을 놀라게 하여 복종케 합니다. 그리고 이 우상에게 경배하게하고 경배하지 않는 자들은 죽임을 당하게 할 것입니다.

15. 그 짐승을 가리키는 숫자 666

또 낮은 사람이나 높은 사람이나, 부자나 가난한 자나, 자유인이나 종이나 할 것 없이 모든 사람에게 오른손이나 이마에 낙인을 받게 하였습니다. 그리고 그 짐승의 이름이나 그 이름을 표시하는 숫자의 낙인이 찍힌 사람 외에는 아무도 물건을 사거나 팔거나 하지못하게 하였습니다. 바로 여기에 지혜가 필요합니다 영리한 사람은 그 짐승을 가리키는 숫자를 풀어 보십시오. 그 숫자는 사람의 이름을 표시하는 것으로서 그 수는 육백육십육입니다. (요한 묵시록 13장 16절~18절)

앞에서 보았듯이 이 짐승의 집단은 일찍이(1941년 이전) 지구상 6대륙의 모든 나라들을 10개의 권역(Ten World Regions)으로 구역화(區域化)하였습니다. 그리고 앞으로 세울 세계단일정부를 위하여 1945년 UN을 설립하였습니다. 때가 되면 10개의 권역을 각각 관할, 통치하는 대총통(가칭)을 임명하고, 그 위에 짐승은 세계의 지배자 황통령(가칭)이 되어 막강한 권력과 권세로써 세상 위에 군림합니다.

그리고 신분이 높건 낮건, 부자이건 가난한 자이건, 각계각층의 모든 사람들에게 구별 없이 그들의 오른손이나 이마에 낙인을 받게 합니다 이 낙인은 그 짐승의 이름이나 그 이름을 표시하는 숫자의 낙인입니다.

이 낙인이 찍히지 않은 사람은 매매나 거래활동을 할 수 없습니다.

이 세계의 지배자는 시민들의 사회활동, 경제활동 등을 정부가 통제할 수 있도록 개인들의 신상정보를 저장한 마이크로칩을 이용하여 시민들의 거래 및 매매활동을 통제할 수 있습니다. 그는 이 칩을 사람들의 오른손이나 이마에 간단하게 이식하여, 화폐나 각종 카드 없이 거래 및 매매활동을 하게하며, 따라서 이 칩을 이식하지 않은 사람은 매매를 비롯하여 모든 경제활동을 할 수 없게 됩니다. 그는 그리하여 매매나 거래활동뿐만 아니라 시민들의 모든 사회활동을 이 칩에 의해서 아주 자연스럽게 감시, 통제할 것입니다.

마침내 우리는 이 숫자가 가리키는 한 인간의 이름은 다름 아닌 '거짓 그리스도(개신교는 '적赤그리스도'라고 함)'라는 것을 알 수 있습니다. 성경은 우리에게 놀라운 사실을 가르쳐 주시니, 사탄, 붉은 용, 악마, 오래된 뱀으로 불리는 루치펠이 이 마지막 시대의 거짓 그리스도(적그리스도)입니다.

하느님보다 더 높아지고자 하는 자는 666이라는 표시를 지니므로, 이 숫자는 루치펠 곧 사탄의 이름을 가리킵니다. 그러므로 그 짐승의 이름이나 그 이름을 표시하는 숫자의 낙인을 받는 것은 바로 그리스도의 적(敵), 그리스도의 원수(怨讐), 즉 '거짓그리스도'의 낙인을 받는 것입니다.

이와 같이 엄청난 힘과 막강한 권세를 가진 '표범 같은 짐승'으로서 우상화된 '멸망할 운명의 악한 자'는 자신의 정체를 사람들 앞에 드러내며 2천년 전부터, 아니 에덴동산에서부터 꿈꾸어 왔던 거짓그리스도의 본색을 드러냅니다.

바오로 사도는 일찍이 이 짐승의 정체에 대해 다음과 같이 말했습니다.

여러분은 아무에게도 절대로 속아 넘어가지 마십시오. 그 날이 오기 전에 먼저 사람들이 하느님을 배반하게 될 것이며, 또 멸망할 운명을 지닌 악한 자가 나타날 것입니다. 그자는 사람들이 신으로 여기는 것이나 예배의 대상으로 여기는 모든 것에 대항하고 자기 자신을 그보다 더 높이 올려놓을 것입니다. 그뿐만 아니라 하느님의 성전에 자리 잡고 앉아서 자기 자신을 하느님이라고 주장할 것입니다. (데살로니카2서 2장 3절~4절)

이 시기에 **많은 사람들이 떨어져 나가 서로 배반하고 미워할 것이며 세상은 무법천지가 되어 사람들의 마음 속에서 따뜻한 사랑을 찾아 볼 수가 없게 될 것이니**(마태오 복음 24장 10절~12절), 나주 성모님의 경고대로 사람들은 정화와 대환난과 배교의 한 가운데에 놓이게 될 것입니다.

이때 사탄 루치펠의 화신(化身)인 한 인간이, 마쏘네의 우두머리인 거짓예언자로 부터 칭송을 받으면서 '거짓그리스도(적그리스도)'로서 세상 앞에 모습을 나타낼 것입니다.

거짓그리스도의 권세와 연합된 거짓예언자는 그를 위해서 대부분의 인류를 속여 넘기려고 하늘과 땅에서 큰 이적들을 행할 것입니다 그리고 그들의 계획대로 그를 위한 세계단일종교의 거짓교회를 세우기 위해서, 거짓예언자는 예언자 다니엘이 말한 대로 오늘날의 가톨릭 '미사 성제'와 개신교의 '주일 예배'인 **'정기 제사'를 폐지할 것입니다.** (다니엘서 11장 31절)

구약시대에 제사장들은 백성들의 죄를 속죄하기 위하여 대속제물로써 흠없는 짐승을 잡아 하느님 앞에 받쳤습니다. 이 의식(儀式)이 신약시대에 들어와서 그리스도의 십자가 수난인 바, 그리스도께서 죄 많은 인류의 구원을 위해 하느님 앞에 스스로 화목제물이 되심으로써 인류는 하느님과 영원히 올바른 관계를 맺게 되었습니다.
가톨릭교회의 미사성제는 바로 그리스도의 화목제사(和睦祭祀)이므로 그들은 이 '미사성제'를 가차없이 폐지할 것입니다.
그리하여 **예언자 다니엘이 말한 대로 황폐의 상징인 흉측한 우상이 거룩한 성전에 선 것을 보게 될 것입니다.** (마태오복음 24장 15절) 그리고 불신앙과 배교가 일반화되어 모든 사람이 거짓그리스도와 거짓교회를 따라가게 될 것입니다.

이마와 손에 찍힌 낙인(마이크로 칩)은 그 낙인으로 표상되는 자에게 전적으로 종속되어 있음을 나타냅니다. 그러므로 그의 낙인이 찍혀 있는 자는 그리스도께 대적하여 그분의 신적 왕권을 거슬러 싸우는 '거짓그리스도'의 군대에 전적으로 속해 있음을 뜻하는 것입니다. 이마나 손에 낙인이 찍히도록, 즉 이마나 손에 칩을 이식하는 것에 동의하는 사람은 하느님을 부정하고 하느님의 법을 거부하며 '그리스도와 그분의 교회'를 배척하는 무신론을 받아들이는 것입니다.(곱비신부에게 주신 성모님의 메시지)

"그 때가 오면 무서운 재난을 겪을 터인데 이런 재난은 세상 처음부터 지금까지 없었고 앞으로도 다시 없을 것이다."   (마태오복음 24장 21절)

"그런 재난의 기간이 지나면 곧 해가 어두워지고 달은 빛을 잃을 것이며 별들은 하늘에서 떨어지고 모든 천체가 흔들릴 것이다."   (마태오복음 24장 29절)

그러므로 이 정화와 대환난과 배교의 시기에, 예수님을 충실히 따르는 교회 지도자들과 성도들은 따돌림을 당하고 박해받고 감옥에 갇히고 죽임을 당하기도 할 것입니다. 우리는 '그리스도와 그분의 교회' 안에 살기 위하여 끝까지 '짐승'을 경배하지 않고 사탄(악마)의 낙인을 받지 않으며 원수의 권세에 강력히 항거하며 용감하게 신앙을 증거하는 예수 그리스도의 증인이 되어야합니다. 그럼으로써 약속하신 대로 재림하시는 그리스도, **'사람의 아들이 하늘에서 구름을 타고 권능을 떨치며 영광에 싸여 오시는 것을 보게 될 것입니다.'**(마태오복음 24장 30절)

특별히 '사랑의 메시지'는 우리에게 이 장면을 좀더 구체적으로 말해줍니다.

> "구속주이자 정의의 심판관인 내가 하늘의 구름을 타고 권능을 떨치며 너희에게 약속한 상과 불을 가지고 하늘의 여왕으로서 존경받으셔야 될 내 어머니와 함께 곧 너희에게 갈 것이다."
>
> (사랑의 메시지 2001년 10월 19일)

요한 사도는 이와 같이 말합니다;

"누구든지 그 짐승과 그의 우상에게 절을 하고 자기 이마나 손에 낙인을 받는 자는 하느님의 분노의 포도주를 마시게 될 것이다... 이런 자들은 거룩한 천사들과 어린 양 앞에서 불과 유황의 구덩이에서 고통을 당하게 될 것이다."(요한 묵시록 14장9절~10절) 그래서 하느님의 계명을 지키고 예수께 대한 믿음을 지키는 성도들에게는 인내가 필요한 것입니다." (요한 묵시록 14장 12절)

16. 짐승은 AI(인공지능)로 통치할 것이다
— '영혼 없는 기계인간을 만들기 위하여'

러시아의 대통령 블라디미르 푸틴은 최근에 이런 말을 했습니다.

"AI(인공지능)를 지배하는 국가가 세계를 지배한다."

딥러닝(deep learning)의 개념을 창안하여 AI의 아버지라 불리우는 제프리 힌튼 박사는 구글(goole)에서 처음으로 AI를 개발했으나, "AI는 핵무기보다 무섭다. 평생을 바친 AI 연구를 후회한다." 이 말을 남기고, 12년간 근무한 구글을 떠났습니다.

그는 AI가 사람보다 똑똑해 지려면 30년~50년 또는 그 이상의 오랜 시간이 걸리거라고 예견했지만, 매우 빠르게 발전하며 이미 일부 기능에서는 사람의 지능을 넘어 섰다고 평가했습니다.

"인공지능의 시스템에서 일어나는 일이 실제 사람의 뇌에서 일어나는 일보다 훨씬 나은 경우가 있다."

인공지능이 정치 및 사회 시스템과 국가경제를 관여하며, 조종 통제하는 것이 불가능하지 않은 시대가 우리의 예상과 달리 너무 빨리 오고 있습니다. 정밀한 수치와 복잡한 계산을 요구하는 경제 방책도 인공지능이 더 이상 인간의 뇌를 빌리지 않고 결정하고 해결할 수 있는 시대가 도래한 것입니다.

이러한 놀라운 기계의 힘은, 그보다 덜 정밀하고 덜 복잡한 정치와 사회 관련 방안과 정책을 수립할 경우에도 훨씬 수월하게, 정치가나 전문가의 머리를 빌리지 않고, 아니 그들이 골치 아프지 않게 해주면서도 국민을 관리하는 것에 아주 효율적인 해답을 제공할 것입니다.

그러나 문제는, 인간사회를 더 편리하고 이롭게 해 줄 것을 기대하며 개발했던 AI가 사람의 예상보다 훨씬 빠르게 진보하며 인간을 위협하는 시기가 매우 가깝게 다가 오고 있다는 것입니다.

힌튼 박사는 말합니다. "미국의 빅테크 기업들이 AI를 발전시키면서 위험이 증가하고 있다. 5년전의 AI와 지금의 AI는 그 차이가 무섭다. AI가 생성한 가짜 사진과 동영상과 작문(글)들이 인터넷에서 넘쳐나고 있으며 사람들은 점점 더 무엇이 진실인지 알 수 없게 될 것이다. 인공지능은 사람이 하는 고된 작업과 직업을 빼앗고 있는데 앞으로는 훨씬 더 많은 것을 빼앗을 수 있다."

그래서 과격한 AI 발전 속도에 사람들의 우려와 불안도 점점 커지고 있습니다. 힌튼 박사는 "AI가 직접 레버를 당길 수는 없다 하더라도 확실히 사람들이 레버를 당기도록 할 수 있습니다. AI를 통해서 사람들을 조종할 수 있다는 것이 밝혀졌습니다. 워싱턴에 있는 건물에 직접 가지 않고도 침입할 수 있습니다. 또 정보 조작 등 인간에게 위협이 될 수 있는 AI의 부작용을 막기 위한 규제도 함께 속도를 내야 한다는 지적도 나오고 있습니다. "

테슬라의 회장 일론 머스크는 말했습니다. "AI는 선과 악을 행하는 거대한 힘을 갖고 있다. AI에 대한 선의(善意)의 의존도 기계작동법을 잊어버릴 정도가 되면 인류문명에 위협이 될 수 있다"

마땅히 이기(利器)가 되어야 할 AI가 인류를 해치는 일에 악용될 수 있음을, 힌튼 박사 또한 경고합니다. "AI가 자체 코드를 생성하면 킬로로봇도 현실화된다. 사람을 죽이는 킬러로봇이 현실이 되는 날이 두렵다. 악한 사람들이 인공지능을 이용하는 것을 어떻게 막을 수 있을지 모르겠다. 핵무기는 국가가 제어하고 관리할 수 있으나 인공지능을 개발하는 회사와 개인들은 통제할 수 없다. 인공지능은 핵보다 무섭다. "

유럽연합과 G7국가들은 사람 따라하기에서 사람 대체재로, 사람 대체재에서 사람을 위협하는 흉물(兇物)의 위치에 까지 온 AI에 대해서 규제 논의에 착수했습니다. 유럽은 챗GPT 같은 생성형 AI는 고위험 도구로 분류하고 엄격한 규제 대상으로 삼는 방안을 논의중입니다.
이러한 법적 규제가 개인, 단체, 기업 뿐만 아니라 국가를 포함한 강력한 글로벌적 법적 규제로서 시급히 요청되는 이유는 무엇입니까?

동시대에, 획기적인 산업혁명의 개시(開始)라는 급진적인 최첨단 AI의 도래는, AI와 인간이 어떻게 조화로운 병존을 하느냐에 따라서 지구와 자연과 인류생명과 인류문명과 인류사회와 모든 국가들에게 가히 핵폭발적인 잠재력과 영향력을 발휘하여 미래세상의 인류역사에 중대한 변화를 가져 올 수 있기 때문입니다.

그러나 미래의 세상은, 힌튼 박사가 말한 것처럼 인공지능을 통해서 사람을 조종할 수 있는, 그리고 푸틴이 말한 것처럼 인공지능을 지배하는 국가가 세상을 지배하듯이, 막강한 힘과 엄청난 권세를 가진 자가 나타나서 세계인 위에 패권적으로 군림하는 시대가 될 것입니다.

이 시대에는, 앞에서 상세히 말한 바와 같이, '표범같은 열뿔 달린 짐승'(요한묵시록 13장 1~3절)인 프리메이슨 조직의 최상위 명령자요 세상의 지배자인 황통령이, 막강한 힘과 엄청난 권세를 가지고,그 아래 지구의 분할된 10개 권역을 관장하는 우두머리 10명의 대총통과 더불어 전 세계를 통일된 단일국가로서 통치할 것입니다.

또한 인류는 이성과 과학과 합리주의라는 무신론적 물질기계문명을 앞세워 하느님을 배척하고 촉범함으로써, 정화와 대환난과 배교의 시기를 겪으며, 짐승이 지배하는 사탄국가 세계단일정부 아래서 자유 없는 속박과 압제의 통치를 받을 것입니다.

AI는 모든 인류를 그들이 표방해 온 신세계질서(new world order) 전체주의 이념 속에 묶어놓고 정치, 경제, 민족, 국가, 종교, 문화 등에 장벽을 허물고 사회적, 민족적, 국가적, 종교적 차별을 없앤다는 평등과 일치와 화합을 명분으로 세계 시민들을 일사분란하게 통치하여, 종국에는 개인의 삶을 파괴하는 국가주의의 유용한, 그리고 치명적인 도구가 될 것입니다.

짐승은, 거대한 힘은 갖고 있으나 양심(良心) 없고 인정 없는 만능해결사 최첨단 AI를 가지고 세계 시민들을 영혼을 빼앗긴 기계인간으로 만들어 감시하고 조종하고 통제하고 압제하며, 무소불위의 힘을 가지고 세상 위에서 하느님처럼 군림할 것입니다.

17. 짐승이 통치하는 힘 CBDC에서 나온다

"지금 이 시대는 마귀의 횡포가 인간의 힘을 빌려 인간을 지배하려고 기승을 부리고 있는데, 깨어있지 않는 내 가련한 무수한 목자들과 자녀들은 붉은 용을 따르고 있어 더없는 교만으로 짙은 어둠 속, 즉 지옥을 향하여 가고 있고 마귀는 내가 주는 메시지까지 혼란시키기 위하여 인간을 통하여 선함과 경건함을 가장해 여기저기서 여러 가지 형태로 교활하게 활동하고 있다."

(사랑의 메시지, 성모님 말씀 2006년 10월 15일)

짐승은 이제까지 꿈꾸어 왔던, 인간을 제 마음대로 통치할 수 있는 사회, 신세계질서의 전체주의사회, 저항이 없는 일사분란한 사회를 만들기 위해서 우선적으로 인간의 경제활동을 통제할 수 있는 금융시스템을 실현할 것입니다. 짐승은 신세계질서 전체주의국가에 불복종하는 시민들을 제거하고 국민들을 노예화 할 것입니다. 그리하여 하느님께서 창조하시고 섭리하시는 온 세상 인류를 사탄이 지배하는 나라의 말 잘듣는 기계인간(트랜스 휴먼:transe human)으로 만들 것입니다.

그러기 위해서 어떤 정책들을 시행할까요?
각국 정부의 중앙은행이 강력한 권한을 갖고 국민의

경제활동을 통제하고, 감시하고, 제한할 수 있는 금융 시스템을 시행할 것입니다.

그것은 그들이 오래 전부터 소리 소문 없이 꿈꾸고 연구해온, CBDC (Central Bank Digital Currency) 중앙은행통제 디지털화폐입니다. 현금 없이, 신용카드 없이, 금융의 거래와 유통과 결제가 가능한 제도입니다.

탈세와 금융범죄와 부정거래를 막고 도난과 분실을 없애며 신속하고 편리한 국민의 경제활동을 위하여 통화정책의 책임을 갖는다는 국가적 대의명분으로, 중앙은행이 국민의 경제활동에 대해서 강력한 행정지도권과 자료요구권을 갖게 되는 이 제도가 시행되면, 개인의 정당하고 사사로운 비밀이 보장되는 자유로운 경제생활은 사라집니다. 인간이 태어나는 순간부터 죽는 순간까지 누릴 수 있는 당연한 천부인권(天賦人權)이 무참하게 침해 됩니다.

"정말 잘 들어 두어라. 양우리에 들어갈 때에 문으로 들어 가지 않고 딴 데로 넘어 들어 가는 사람은 도둑이며 강도이다." (요한복음 10장 1절)

"나는 양들이 생명을 얻게 하고 더 얻게 하여 풍성하게 하려고 왔지만, 도둑은 다만 양을 훔쳐다가 죽이고 멸망시키려고 온다." (요한복음 10장 10절)

사탄이 에덴동산에서부터 동시대에 이르기까지 장 세월이 흐르는 동안, 인류로 하여금 하느님을 멀리 하도록 만든 이유는 바로 하느님께서 다스리시는 온세상 인류를 빼앗아, 자신이 지배하는 나라의 노예인간으로 만들어 자신이 무소불위한 천신(天神)이 되어 숭앙(崇仰) 받으려는 독성(瀆聖)하고 불경한 욕망 때문입니다. 사탄은 마침내 짐승을 시켜, 욕망의 배를 채울 때가 왔습니다.

"그는 처음부터 살인자였고 진리 쪽에 서 본 적이 없다. 그에게는 진리가 없기 때문이다. 그는 거짓말을 할 때마다 제 본성을 드러낸다. 그는 정녕 거짓말쟁이이며 거짓말의 아비이기 때문이다." (요한복음 8장 44절)

전체주의국가 중국공산당의 초대 주석이자 독재자였던 모택동, 중국인들로 부터는 영웅이라고 칭송 받으나 그는 두말 할 나위 없이 인류 역사상 최악의 학살자 중 하나입니다. 그는 말했습니다. "권력은 총(銃)구멍에서 나온다."

CBDC가 실행 되면, 개인의 자유가 보장되는 자유민주주의사회는 사라지고 정부가 개인의 경제활동을 감시하고 통제하고 제한할 수 있는, 조지 오웰이 일찍이 경고했던 일사분란한 전체주의국가, 독재국가, 빅브라더의 사회로 전락합니다.

미국의 평범한 시민이자 팟캐스트(pod cast)인 조이

로간은 방송 중 시청자들에게 묻습니다.

"CBDC에 대해 어떻게들 생각하나요? CBDC가 성공하게 되면 시민들의 자유는 끝이야. 중국처럼 CBDC를 사회점수(Score of Social Credit)랑 연결시키면 우리가 뭘 구입하는지, 인터넷에서 무슨 말을 하는지 감시해서 점수를 줘요. 결국 정부에 복종하지 않는 그런 사람들은 돈을 삭제해 버리는거야. 그래야 다들 정부에 복종하니까. 정부는 마음에 안드는 국민들은 블랙리스트에 올리는거지. 상상해 보시오. 정부에서 공무원들이 지들 마음대로 우리 돈을 좌지우지하며 국민들을 감시해서 돈을 뜯어가기 시작하면 멈추지 않을걸."

투자가이자 억만장자인 릭 룰은 이렇게 말합니다. "CBDC는 핵전쟁보다 위험해요. 금융가들은 이미 국민들에게 엄청난 피해를 줬어요.(여러차례 금융위기로 국민들의 재산을 날려먹은 것을 말함.) 그런데 이들에게 국민을 통제하는 힘을 주자구요?"

"이건 중국정부가 하고있는 소셜 크레디트와 똑같은 겁니다. AI의 힘을 이용해서 국민의 재산을 통제하는거에요. 예를 들어 당신이 다른 정당에 투표한 게 싫다고 생각되면 정부는 CBDC를 이용해서 당신의 돈을 없애버릴 수도 있어요."

다른 시민은 이처럼 말합니다. "CBDC는 세상을 빅브라더가 통치하는 전체주의사회국가로 만들어 가는 지름길이므로, 우리가 단호히 거부해야 할 악마의 유혹입니다. 개인의 삶을 완전히 파괴하는 도구인 줄도 모르고 단순히 편리하다고 받아들이면 안돼요."

　미국의 몇몇 정치인들도 CBDC의 실행을 반대합니다. 공화당의 드산티스후보는, "제가 대통령에 당선되면 CBDC를 없애버리겠습니다. CBDC는 다보스의 세계경제포럼 권력가들이 추진하는 겁니다. 그들은 국민들이 현금과 암호화폐를 못 쓰게 할 겁니다. CBDC만 사용하게 할 겁니다. 여러번 말했지만 이들은 국민들이 뭘 사는지, 모든 것을 통제하는 게 목표에요. 궁극적으로는 석유연료 구입하는것도 제한할거에요. CBDC가 시행되면 결국 중국처럼 모두가 사회점수를 받게됩니다. CBDC는 미국민의 자유를 대단히 위협할 것입니다."
　다른 정치가도 말합니다. "CBDC가 나오고 현금이 없어지면 정부는 완벽한 통제를 하게 됩니다. 모든 결제에서 돈을 뜯어가고 국민을 복종하게 만듭니다. 불복종하는 국민은 돈 사용을 못하게 하여(거래를 못하게 하여) 굶게 할 수있어요."

　그렇다면 짐승은 어떠한 방법으로 국민들이 CBDC를 사용하게 할까요?
　세계경제포럼은 실행할 CBDC에 대한 연구를 오랜 기간 해왔습니다. 방법은 인간의 경제생활에서 가장 필요한 돈을 미끼로 이용하는 것입니다. 쌀알만한 크기의 마이크로칩을 몸 속에 이식하면 기본생활비 명목으로 돈을 주는 것입니다. 중국의 경우가 말해 주듯이, 궁극적으로 CBDC야말로 가장 강력한 통제수단이기 때문입니다.

세계경제포럼에서 그들을 위해 일하다가 최근에 등을 돌린 학자의 폭로를 들어봅니다. 리차드 워너 교수입니다.

"정부들이 쉬쉬하는 CBDC의 보급과정을 알려드리겠습니다. CBDC는 처음에는 핸드폰 어플 같은 형태로 시작할 겁니다. 세계경제포럼은 CBDC의 궁극적인 실행 목적과 방법을 위해서 이미 2015년에 기술적인 준비가 되었습니다. 피부 아래 이식하는 쌀처럼 작은 칩이에요. 이건 인권침해잖아요. 그들도 사람들이 이런 거를 싫어하는 줄 알지만 칩을 이식하면 기본생활비를 제공해 줄 겁니다. 요즘 억만장자들이 많이 이야기 하잖아요. 정부는 앞으로 경제난을 극복하기 위해서 기본생활비를 제공해야한다고 말하고, 기본생활비를 한달에 2,000유로씩 줄테니 CBDC칩을 이식해라 이렇게 말할거에요."

이 짐승의 정부는 CBDC칩를 이용하여 국민들의 경제활동만 통제하는 것이 아닙니다. 국민들의 사유재산을 등록하여 토큰화 할 것입니다.

국제결제은행 BIS의 신현송 경제자문연구장은 말합니다. "돈과 자산을 디지털등록 하는 것만 아니라 프로그램하는 것도 가능합니다. CBDC는 거래에만 사용되는 것이 아니라 사물의 정보 또한 통제가 가능합니다."

　BIS의 주장에 따르면 앞으로 모든 사물은 디지털등록
되므로, 우리가 소유하고 있는 물건들을 모두 등록해야
하며 디지털등록 되지않은 물건을 소유하거나 거래하
면 불법이 되는 것입니다.
　이 과정은 서서히 진행될 것이며 정부는 국민들의 반
발을 막기위해서 처음에는 부정할 것이며 이 과정을 통
해서　등록된 사물들을 통제할수 있습니다. 특정 물건
은 매매가 불가능하게 하고 어떤 물건은 판매금지 물품
이 될 수도 있습니다. 또한 CBDC는 돈이지만 유통기
한 내에 사용하지 않으면 지역화폐처럼 소멸될 수 있습
니다. 이런 과정은 반발을 무마하기 위해서 서서히 진
행될 것입니다.
　정부는 전지화폐를 시행할 때 탈세와 부정거래와 불
법범죄를 막기위해서라고 하지만 정부가 국민 개인의
거래를 통제한다는 것은 국민의 일거수 일투족을 완벽
히 감시하여 궁극적으로 정부가 국민의 소비와 생산활
동을 통제할 수 있게 되는 것입니다.

　앞으로 시행될 CBDC의 실체가 무엇인지 알고있는
한 재력가는 말합니다.
　"CBDC의 세상이 오면 정부가 당신을 싫어하면 당신
의 돈을 없앨 수가 있어요. 이건 결국 국민을 노예취급
하는 겁니다. CBDC 때문에 나는 총을 사용해야 할지

도 몰라요. 진짜 무서운 거에요. 그들은 엘리트들을 혐오해요. CBDC로 그들이 내 자유를 침해하고 통제해서 노에화하는 겁니다. CBDC가 정착되면 그들은 개인의 월급을 어떻게 쓰는지 결정할 수 있고, 저탄소를 위해 음식비는 한달에 얼마로 하고, 빈부격차를 줄이기 위해 저금은 액수를 얼마로 제한할 수 있고, 개인의 사생활과 개인의 자유는 침해되고, 괴물 같은 정부에게 오로지 복종해야만 살아남을 수 있는 겁니다."

어떤 목사님은 CBDC와 관련하여 프리메이슨의 정체가 무엇인지 성경적으로 말합니다. "우리 몸에 칩을 받으면 안됩니다. 정부가 준다는 돈, 전자화폐가 들어있는 그 쌀알만한 칩이, 숨어있는 프리메이슨의 본색이 드러나는 도구에요. 그것이 바로 '요한묵시록 13장'에 나오는 짐승의 표, 666 낙인입니다. AI(인공지능)로 사람의 두뇌를 통해 정신을 조종하여 하느님을 지워버리고, 적그리스도(거짓그리스도)를 심어주고 숭배하게 할 겁니다. 이마나 손에 칩이식을 받으면, 예수님을 버리고 적그리스도를 따르는 것이에요. 악마가 지배하는 세상이 오게 해서는 안됩니다. 우리는 예수님의 이름으로 단호히 거부해야 합니다."
　(과문한 탓인지 모르겠으나, 제가 이 글을 쓰는 동안에도 한국 가톨릭교회에서 어떤 신부나 주교라도 666이나 CBDC를 반대한다는 소리, 소식, 소문을 아직 들어보지 못했음)

속임수를 쓰는 악마에 대항할 수 있도록 하느님께서 주시는 무기로 완전무장을 하십시오.

우리가 대항하여 싸워야 할 원수들은 인간이 아니라 권세와 세력의 악신들과 암흑세계의 지배자들과 하늘의 악령들입니다.　　　　　　　　　(에페소 6장 11~12절)

이 무서운 괴물정부가 CBDC를 가지고 이와 같이 우리를 철창 안에 가두고 족쇄를 채우는 이유는 무엇일까요?

시행이 시작된 후 나중에라도 그리스도인들과 민주시민들이 세상이 잘못된 것을 깨닫고 칩이식을 거부하기 위하여, 그리고 자유가 있는 CBDC 이전 사회로 되돌리기 위하여 서로 의사소통하며 규합하고 저항하고 반란하고 혁명을 일으키지 못 하도록, 개인과 단체의 돈과 자금과 물품과 자원과 무기와 이동수단들을 동원하여 규합된 생산업체와 제반 기업들과 모든 사람들이 괴물정부에 거역하지 못하도록, 감시하고 통제하고 조종하고 압제하기 위해서입니다.

한 마디로 말해서, 인간 본연의 타고난 자유를 빼앗고 인권침해를 감행하는 짐승의 독재정부에게 반대하지 못하게 하여 영원히 사탄이 지배하는 나라를 만들기 위해서입니다.

또 낮은 사람이나 높은 사람이나, 부자나 가난한 자나, 자유인이나 종이나 할 것 없이 모든 사람에게 오른손이나 이마에 낙인을 받게 하였습니다. 그리고 그 짐승의 이름이나 그 이름을 표시하는 숫자의 낙인이 찍힌 사람 외에는 아무도 물건을 사거나 팔거나 하지못하게 하였습니다. 바로 여기에 지혜가 필요합니다. 영리한 사람은 그 짐승을 가리키는 숫자를 풀어 보십시오. 그 숫자는 사람의 이름을 표시하는 것으로서 그 수는 육백육십육입니다.　　　　　　　　　(요한 묵시록 13장 16절~18절)

2016년 1월 6일 인터뷰에서, 이 쌀알만한 칩의 인체이식에 대한 세계경제포럼의 대표 클라우스 슈왑의 답변은 이렇습니다.

"10년 안에 인체이식 보급을 진행해야 합니다. 처음에는 옷에 가지고 다니는 형태를 취하다가, 그 다음에는 두뇌나 피부에 이식해야 합니다. <u>결국 두뇌를 컴퓨터와 연결해서 기계와 소통이 가능한 인간이 되는 것입니다. 인류가 기계와 하나가 되는 트랜스휴먼(기계인간)이 되는 것입니다.</u>"

이 미증유(未曾有)의, 날벼락 보다 끔찍하고 소름 끼치는 말을 천연덕스럽게 지껄이는 글러벌리스트들, 핵폭발 보다 충격적인 그들의 계책이 '표범 같은 열 뿔 달린 짐승' 프리메이슨의 숨은 계략인줄 모른채, 우리의 생활 속에서 무관심 속에서 서서히 그리고 촘촘히 조여오면서, 우리가 알듯말듯 착착 진행되어 시행된다면, 우리 인류는 어느새 자아를 상실한, 영혼을 빼앗긴 기계인간이 되어 짐승이 지배하는 사탄국가에서, 이식된

칩을 통해서, AI에 의해 짐승의 조종을 받으며 사탄에게 복종하는 노예생활을 해야하는 것입니다.

어두운 잠에서 깨어나야한다고 천진한 민중들을 부추겨서 오히려 혼미(昏迷)의 세계로 몰아넣은 계몽주의가 발아하던 16세기 이래 챗GPT 같은 인공지능(AI)이 만연(蔓延)하는 동시대에 이르기 까지, 하느님은 죽었다(니체), 하느님은 없다(다윈), 이성에 반하는 모든 것은 불합리하다(스피노자), 우주는 과학과 수학만으로 돌아간다(뉴톤), 존재가 본질을 우선 한다(사르트르), 인생은 허무한 최악의 세계다(쇼펜하우어), 만물은 우연(偶然)이 시초(始初)다(진화론자들).

이처럼 하느님을 배척하고 무시하고 멀리한 결과는 어떻습니까?

멀리 구약시대에 피조물에 불과한 인류가 교만의 바벨탑을 쌓았듯이, 현대에는 하느님의 옥좌를 허물고 하느님을 배신(背信)하고, 그 자리에 사탄의 우상을 세워 하느님 대신 사탄을 경배하며, 그의 지배를 받으므로 결국 사탄의 노예가 된 것은, 인간이 아닌 어느 누구의 잘못도 아니며, 인간이 스스로 이성과 과학과 합리주의로써 쌓아온 물질기계문명에 의해 천부인권(天賦人權)인 자유의지를 파괴함으로써 영혼을 빼앗긴 기계인간(트랜스휴먼)으로 전락(轉落)하여, 인간 스스로 파멸의 길을 가는 것입니다.

결 론

마지막 시대의 전투 그리고 신앙인의 자세

"구속주이자 정의의 심판관인 내가 하늘의 구름을 타고 권능을 떨치며 너희에게 약속한 상과 불을 가지고, 하늘의 여왕으로서 존경 받으셔야 될 내 어머니와 함께 곧 너희에게 갈 것이다"
(사랑의 메시지, 예수님 말씀 2001년 10월 19일)

우리는 성경을 통해 예수님의 말씀을 들으면서 그리고 나주에서 발현하신 성모님께서 주신 메시지를 묵상하며, 우리가 세상 문이 닫혀가는 마지막 때에 살고 있음을 절감하고 있습니다.

지구적으로 나타나고 있는 황망하고 긴박한 작금의 시대상황을 돌아볼 때, 하느님께서 주전 640년 경 스바니아 예언자를 통해서 하신 말씀이 떠오르지 않을 수 없습니다.

"땅위에 있는 것은 무엇이건 내가 말끔히 쓸어 버리리라. 사람도 짐승도 쓸어 버리고 공중의 새도 바다의 고기도 쓸어 버리리라. 악당들을 거꾸러트리며 땅에서 사람의 씨를 말리리라." (스바니아 1장 2~3절)

하느님을 배척하고 무신론과 진화론에 빠져 있으며 무속과 우상을 섬기는 불신자들을 심판하시겠다고 하셨습니다. 부정한 정치가들을 심판하시겠다고 하셨습니다. 탐욕스런 장사아치들을 심판하시겠다고 하셨습니다. 오만한 고관대작들을 심판하시겠다고 하셨습니다. 물욕과 욕정에 빠져있고 부패하고 남을 속이고 기만하며 교만하고 허영사치하는 사람들을 심판하시겠다고 하셨습니다.

"그 때가 되면 나는 불을 켜고 예루살렘(신神을 버린 인본적 물질기계문명사회)을 뒤지리라. 팔자가 늘어져 스스로 말하기를 '야훼가 무슨 복을 주랴? 무슨 화를 주랴? 하는 자들을 벌하리라."　　　　(스바니아 1장 12절)

"야훼께서 오실 무서운 날이 다가 왔다. 득달같이 다가 왔다. 야훼께서 오실 날, 역마보다 날쌔게 오는구나. 군인보다 잽씨게 닥치는구나. 그 날은 야훼의 분노가 터지는 날 모두들 죽도록 고생하는 날, 폭풍에 휩쓸려 가는 날 먹구름이 뒤덮이는 어두운 날... "내가 사람들을 몰아 치리니, 그들은 소경처럼 더듬거리다가 피를 땅에 뿌리고 배알을 거름덩이처럼 쏟으리라. 그들이 나에게 죄를 지은 탓이다. 은과 금이 아무리 많아도 그것으로 그 난을 면하지는 못하리라." 야훼의 분노가 타오르는 날, 온 세상은 활활 타버리리라. 그가 세상 사람들을 송두리째 순식간에 멸하시리라." (스바니아 1장 14~18절)

"또 여러 번 난리가 나고 전쟁소문을 듣게 될 것이다... 한 민족이 일어나 딴 민족을 칠 것이며 한 나라가 일어나 딴 나라를 칠 것이다 기근과 지진이 일어날 터인데 이런 일들은 고통의 시작일 뿐이다."

(마태오 24장 6절~7절)

"그리고 많은 사람들이 떨어져 나가 서로 배반하고 서로 미워할 것이며 ... 또 세상은 무법천지가 되어 사람들 마음속에서 따뜻한 사랑을 찾아볼 수 없게 될 것이다."

(마태오복음 24장 10절~12절)

"예전에도 말했거니와 지금 자연 질서가 깨어지고 전복이 빈번하게 일어나고 있다 물, 불, 기아, 지진, 홍수, 가뭄, 해일, 대파괴, 갖가지 공해, 그리고 이상 기후, 전쟁 등으로 수천수만 명이 죽어가고 각종 불치병과 전염병으로 인하여 무수한 희생자들이 늘어난다."

(사랑의 메시지 1994년 2월 3일)

이같은 주님의 말씀은 한점도 일획도 틀림이 없음을 우리는 날마다 뉴스를 통해서 보고 있으며 나주 성모님의 메시지 예시(豫示)의 말씀도 한치의 오차 없이 그대로 이루어지고 있음을 피부로 느끼고 있습니다.

성경은 그리스도의 영광스러운 재림에 앞서 교회가 엄청난 배교와 환난의 시대에 직면할 것을 예고합니다. 믿음의 상실인 배교의 확산은 그리스도의 다시 오심이 가까워졌음과 동시에 환난과 정화의 시간도 가까이 왔음을 보여주는 징표입니다.

우리는 이미 이 같은 징표의 시대를 살고 있습니다. 라잘렛뜨, 루르드, 파티마, 가라반달, 아키타, 메주고리에, 그리고 특히 가장 최근인 1985년부터 38년이 넘어 현재도 진행되고 있는 한국의 나주까지, 성모님께서 세계 도처에서 발현하시고 많은 메시지와 징표들을 주셨습니다.

지금이야말로 세상을 정복하려는 사탄과의 치열한 전투가 벌어지는 마지막 시기이며, 인류가 죄악과 오류와 배교와 무신론의 세상에서 살면서도 하느님을 멀리한, 대타락의 위협과 멸망의 위험에 처한 인류를 이대로 내버려 둔다면, 인류의 미래는 절망뿐이라는 것을 성모님께서는 잘 아시기 때문입니다.

"내가 친히 세운 대다수의 성직자들까지도 찢긴 내 성심을 기워주기는커녕 하느님께서 맡겨주신 중대한 사명을 망각한채 오히려 마귀와 합세히여 은총의 중재자이시며 공동구속자이신 내 어머니 마리아를 배척하면서 세속주의와 심각한 오류에 빠져들어 나의 마음을 이토록 갈기갈기 찢어놓고 있으니 그들을 따르는 양 떼들은 어찌되겠느냐?"
(사랑의 메시지, 예수님 말씀 2003년 2월 16일)

성모님께서는 106년 전(1917년) 파티마에서 발현하셨을 때 앞으로 신앙 상실의 시대가 올 것이며 인류가 생활과 마음을 고치어 회개하지 않는다면 환난과 징벌의 시기를 겪게 될 것임을 경고하셨습니다.

그러나 그후, 오늘날 나주에 오신 성모님께서는 노아의 홍수 때나 소돔과 고모라 시대보다 그리고 1917년 당시보다 더 죄악이 범람하는 이 세상을 정화하시려는 하느님의 의노를 풀어드리고자, 피눈물마저 흘리시면서 그때보다 더 절박하게 참된 회개와 생활의 개선을 요구하고 계십니다.

성모님께서는 1986년 10월 20일, "이 세상이 죄악으로 썩어가고 있다 내 아들 예수의 성혈로도 성부의 의노를 풀어드릴 수가 없구나. 나는 추워서 떨고 있다. 내 마음을 위로할 자 누구냐? 이제는 너희가 나에게 비는 것이 아니라 내가 너희들에게 이렇게 빌고 있다."고 하셨습니다. 1986년 10월 22일에는, "나에게 못 박는 소리를 들어 보아라. 나도 내 아들과 함께 못 박히고 있다."고 하셨습니다. 그리고 1986년 11월 5일, "나는 내 아들 예수와 함께 십자가에서 고통을 받고 있다. 나를 도와다오. 너희들의 도움이 없이는 천주 성부의 의노를 풀어드릴 수가 없구나." 그러므로 "죄인들의 회개와 구원을 위하여 나를 따르는 너희 모두가 희생하고 보속하고 봉헌된 삶을 살아갈 때 나는 너희 모두를 천국으로 인도하기 위하여 확실한 길로 데려가겠다." (사랑의 메시지 1994년 10월 23일)고 말씀하셨습니다.

성모님께서 오늘날 한국 땅 나주에 오신 것은, 이처럼 '이단에 위협받고 오류에 물들어 파멸이 벼랑 끝 까지 와 있는' 현대 교회를 사탄의 손아귀에서 건져내어 '하느님을 촉범하고 죄악이 포화상태'에 이른 이 세상을 구하시려는, 어머니의 티없으신 성심의 발로입니다.

성모님께서는 눈물과 피눈물 그리고 성체와 성혈 현현(顯現)의 미증유적 징표들을 보여주시면서 까지 '메시지'를 전하시어 '부패된 교회가 하루빨리 쇄신됨으로써 성직자와 수도자들이 영적으로 성화되고, 지옥으로 향하는 죄인들까지도 회개하여', 우리 주 예수 그리스도의 영광스러운 재림이 가까운 이 마지막 때에 우리가 다시 오실 그리스도를 영접할 수 있도록 항상 깨어 준비하게 하시려고 오신 것입니다.

"무화과나무를 보고 배워라. 가지가 연해지고 잎이 돋으면 여름이 가까워진 것을 안다. 이와 같이 너희도 이런 일들이 일어나거든 사람의 아들이 문 앞에 다가온 줄 알아라."(마태오복음 24장 32절~33절) 그러나 "만일 도둑이 밤 몇 시에 올는지 집주인이 알고 있다면 그는 깨어 있으면서 도둑이 뚫고 들어오지 못하게 할 것이다. 사람의 아들도 너희가 생각하지도 않은 때에 올 것이다. 그러니 너희는 늘 준비하고 있어라."(마태오 24장 43절~44절)

야훼께서 크게 노하시면 검불처럼 쓸려 가리니 그 날

이 오기 전에 모여 오너라. 너희는 야훼를 찾아라. 하느님의 법대로 살다가 고생하는 이 땅 모든 백성들아 바로 살도록 힘써라. 겸손한 마음을 갖도록 애써라 그리하면 야훼께서 크게 노하시는 날 너희만은 화를 면하리라. (스바니아 2장 2~4절)

예수님께서는 또한 율리아의 기도 중에 이렇게 말씀하셨습니다;

"불림 받은 세상의 모든 자녀들아! 정의의 심판의 때가 멀지 않았다는 것을 기억하고 매 순간 깨어 기도해야 한다. 너희가 해야 할 일들을 잘 알고 있는 만건곤한 마귀들은 너희를 호시탐탐 노리고 있다가 너희가 깨어 있지 못 할 때 유혹의 갈고리로 걸어서 넘어뜨리기 위하여 실제로 있지도 않은 일들을 그럴듯하게 꾸며 너희가 서로 시기, 질투하게 하고 판단하도록 부추김으로써 분열을 일으켜 뿔뿔이 흩어지게 할 뿐만 아니라 결국에는 내 사랑에서까지도 멀어지게 하려함이니 어서 깨어 교활한 마귀를 처단하여라. 그래서 언제나 신앙의 빛 안에서 깨어 기도하며 내 어머니를 통하여 나에게 달려와 회개함으로써 성덕을 태동시켜 세상의 많은 이웃까지도 천국의 잔칫상으로 초대하여 영원한 생명나무를 차지하도록 분투노력하여라."

(사랑의 메시지 2002년 6월 30일)

"사랑하는 나의 자녀들아! 걱정하거나 두려워하지 말고 나를 따르라. 하늘과 땅에서 일어나는 표징을 보여주시며 기적을 행하시는 너희 하느님께서 사자의 입을 막아 다니엘을 살리신 것처럼 나를 따르며 나를 전하려고 노력하는 너희를 악의 수렁에서 반드시 건져내어 이 마지막 시대 격렬한 전투에서 승리하도록 이 엄마가 도울 것이다."

(사랑의 메시지 1998년 1월 4일)

"이제 내 성심의 승리의 때가 가까이 다가온다. 지금은 알곡과 쭉정이를 가르는 중요한 시기이기에 더 이상 주춤하며 머뭇거릴 시간이 없다."

(사랑의 메시지, 성모님 말씀 2006년 3월 4일)

따라서 우리는 성모님의 피눈물 앞에, 온전히 순명하여 일생 동안 대속고통을 봉헌하는 율리아 자매처럼, 회개와 보속과 희생을 바치는 생활의 개선을 통하여 성모님께서 주신 '사랑의 메시지'와 '5대 영성'인 아멘, 내 탓이오, 셈치고, 봉헌의 삶, 그리고 생활의 기도화를 실천함으로써 '티없으신 성모성심의 승리와 자비의 빛이 온 세상에 퍼져나가게 해야' 할 것입니다.

그리하여 **'태양을 입은 여인, 뱀을 짓밟는 능력의 어머니'**를 앞세워 이 마지막 시대에 사탄과 그 무리들과의 싸움인 영신전쟁에서 반드시 승리하여 영광된 그리스도의 재림에 참여하는 자녀가 되어야 하겠습니다.

거룩하시고 영원하신 성삼위 하느님 감사와 찬미와 영광과 흠숭을 세세 영원무궁 받으시옵소서.
티 없으신 교회의 어머니 마리아의 성심을 통해 우리 주 예수 그리스도의 이름으로 아멘.

2부

회개(悔改)와 보속(補贖)만이 살길이다

성체 성혈과 묵시록 시대의 징표들

✦ 찬미예수님, 찬미 성모님! ✦

"성혈(聖血)"
"바로 우리의 육신을 치유시켜 주시는 신약(神藥)이며 우리에게 수혈자로 오신 주님입니다."
(2007년 11월 3일 첫토 기도회, 율리아 자매의 은총 증언)

"성체의 기적"이라는 책을 읽어본 적이 있었습니다. 예수님께서 성체성사를 세우신 이후의 성체에 관한 종합적인 기적의 역사라고 할까요, 아주 많은 성체의 기적에 대해 읽으면서 주님의 살과 피의 위대함과 은총의 의미를 깨닫게 해준 책이었습니다. 그러나 그 기적의 역사 속에도 하느님께서 나주에 주셨던 것과 같은 성체의 기적은 없었습니다. 주님의 "성혈"을 직접 내려 주시거나 주님의 "성체"를 직접 보내 주신 경우는 없었습니다.

광주교구의 책임자님들께서는 도대체 어떤 기적을 더 바라십니까? 전 세계에서 성모님 성상에서 눈물과 피눈물과 향유와 향기를 냄, 그리고 성모상의 움직이심, 얼굴빛의 변화와 같은 "복합적 현상"은 한국의 나주 외에는 교황청에 보고된 적이 지금까지 없었습니다. 더

욱이, 성체 성혈의 내려오심은 나주 밖에 없습니다. 그리고 무엇보다도 중요한 것은 예수님과 성모님의 메시지 말씀이 아니겠습니까?

　나주의 현상만을 이해할 수 없다고 하시는 광주교구의 책임 신부님들께서는 요한 바오로 2세 교황님께서 인준하신, 성모님께서 곱비 신부님을 통해 주신 마리아 사제운동의 메시지를 모르시는 분들은 없겠지요. 이 메시지 말씀에는 나주의 기적의 현상과 나주 성모님 말씀과 일치하며 연관된 말씀이 많습니다.

"예수님의 값진 선물인 자비로우신 사랑을 현대세계에서 얻어줄 수 있는 가장 강력한 방법은 교회를 마리아의 티없으신 성심께 봉헌 하는 것이다"
"교황과 및 그 교회는 하나이며 일치한다"

　2천년에 걸친 가톨릭교회는 교회의 반석인 교황님과 이 교회를 보호하시는 교회의 어머니이신 성모님을 제대로, 올바르게 따르는 성직자들이야말로 교회를 똑바로 주님 곁으로 인도할 수 있다고 생각합니다. 광주교구의 책임자님들께서는 교회의 교도권을 말씀하시는데 광주교구의 교도권보다 교황님의 교도권이 훨씬 앞선다는 위계적 인식을 갖기 바랍니다. 오죽하면 곱비 신부님께 주신 성모님 메세지 말씀 중에 교황님 휘하의 성직자들께서 교황님을 따르지 않음을 많이 걱정하셨으며 교황님 홀로 분투하신다는 말씀까지 하셨습니다.

교황청에서는 나주의 기적을 부인하지 않았으며, 또한 교회일치, 교회평화를 위해, 광주교구의 요청을 받아들여, 스스로 제대로 된 조사 및 확인 절차를 밟기를 바라는 차원에서 "인준 보류"한 것을 왜곡, 발표하여 마치 교황청이 인준을 반대한 것처럼 다른 교구에 공문을 보내는 것은 결코 바람직한 신앙 행위가 아니라고 생각합니다.

모쪼록, 나주 기적의 모든 현상을 요한 사도께서 계시한 "묵시록"시대의 징표로서 "광야에서 외치는 소리"의 세례자 요한같이 절박하고 갈급한 영혼의 눈으로 읽어주시기를 영원하신 교회의 어머니 마리아의 성심을 통해 주님의 이름으로 간절히 빕니다.

묵시록시대의 희망 성모마리아

✦ 찬미예수님, 찬미성모님! ✦

예수님이 오시기 전은 불문하고, 오신 이후 2천년 넘어 인류문명은 지금까지 탐욕적이고 파괴적인 물질문명의 건설과정에 지나지 않는다고 볼 수 있습니다. 시간이 지날수록 발전이라는 미명아래 지구의 생태환경은 병들어가고 인류의 미래는 진화론자들의 주장과는 달리, 퇴락의 방향을 향해가고 있습니다. 점차적으로 나아지고 행복해지기는커녕 오염, 훼손, 파괴, 질병 , 분쟁, 갈등, 전쟁, 테러, 살인 등등 우리 인류의 사고적(思考的) 키워드(key word)가 전진과 발전의 과정 안에 있지않고 퇴화와 타락의 현상만을 보여주는 역사로 점철되고 있습니다.

인류의 정신문화 생활은, 문화의 암흑시대라고 불리었던 중세시대보다 훨씬 타락했습니다. 오히려, 현대와 비교해볼 때, 암흑 시대라고 불리웠던 중세시대가 더 행복했었다고 말하는 역사가들도 있습니다.

그나마, 물질과 자본의 풍요도 일부국가들의 일부계층에 속하는 소수의 사람들에게만 한정되어있고 거의 대부분 인류는 희망을 잃어가고 있습니다. 아니, 희망을 찾아볼 수가 없습니다. 오히려 암울한 절망의 그림자가 점점 길게 드리워져 가고 있습니다.

어떻게 살아야 할지, 무엇을 위해 살아야 할지 방향을 잃어 버렸습니다.

인류가 앞으로 살아가야할 생태환경은 규제 받지않는 자본들에 의해 이미 훼손의 결과가 어떠한 것인지 나타나고 있으며 정신문화는 또한 감각화 되어 쾌락적 내지 퇴폐적인 모습을 띄우고 있어, 창조주 하느님께서 인류의 원조들에게 주셔서 대대손손 풍요로운 삶의 기본방향이 되었던 고매한 종교성, 즉 영성을 상실하고 말았습니다.

우리 인류는 그러므로, 우리의 삶을 죽음으로 몰고가는 죄악이라는 실재적 존재와의 투쟁 속에서 구원이라는 생명적 희망을 찾아 나서지 않으면 안되는 시점에 와 있습니다.

이제는 뒤돌아볼 시간적 여유도 없을뿐더러 뒤돌아봐서도 안되며 오로지 앞을 향해 희망이라는 생명의 의미을 찾아야만 영원히 살 수 있는 것입니다.

과연 우리에게 파릇파릇한 희망의 의미와 의지를 찾아줄 수 있는 분은 누구일까요?

그분은 원죄없이 잉태되신, 우리 영혼의 어머니, "말씀"의 동정 어머니, 바로 예수그리스도의 어머니이십니다.

성삼위 하느님께서는 성모마리아를 강생하실 "말씀의 어머니"가 되도록 미리 정하셨으므로, 사람이라면 누구든지 잉태됨과 동시에 물들기 마련인 원죄를 면해 주셨을 뿐만 아니라 다른 어떤 죄에도 물들지 않게 지켜 주셨습니다. 그러므로 우리는 사람을 당신 모상대로, 또 당신의 가장 큰 영광을 위해서 지어내신 성부하느님의 원래계획이 성모마리아 안에 고스란히 반영되고 있음을 알아야합니다.

우리는 희망을 그분, **"말씀의 동정 어머니"**인 성모마리아 안에서 찾을 수 있습니다. 왜냐하면 "말씀"이 지극히 순수한 마리아의 태중에서 사람이 되셨기 때문입니다. 우리의 '구세주', '구원자'가 되시려고 성모이신 마리아의 아들 예수께서 그분에게서 탄생하셨기 때문입니다. 그리고 **"오직 예수 안에서만 온 인류가 죄와 죽음의 법에서 해방되어 하느님 아버지와 생명과 사랑을 나눌수 있게된"**것(로마서 8장 2절)도 성모마리아의 순명에서 비롯되었기 때문입니다.

성모님께서는 성령이 충만한 당신을 우리에게 드러내셨습니다 성령께서는 참된 당신의 배필로서 그 분의 영혼을 사랑의 줄로 당신과 하나 되게 하셨으며, 오직 성령의 역사로 말미암아 사람이 되신 하느님의 인간적 잉태라는 사건이 그 분 안에서 일어났습니다.(곱비 신부님에게 주신 성모님 메시지)

그러므로 오직 성령의 신성적 역사로 말미암아 성모님께서 **"하느님의 어머니"**가 되신 것입니다.(루카복음 **1장 42~45절)** 그래서 성모님만이 진리이신 그리스도께로 우리 인류를 인도할 수 있는 유일한 희망의 샘이요, 사랑의 원천이 될 수 있는 것입니다.

성모님은, 이미 잘 알려진바 과달루페, 라잘렛, 루르드, 파티마, 가라반달, 메주고리, 아키타등 여러 곳에서 발현과 표징을 우리들에게 주심을 통해, 하느님의 구원사업에 적극 개입함으로써 우리 인류 모두를 그리스도께로 데려가시고자 합니다.

특별히, 작은 나라 한국땅, 나주고을에 발현하시어 성상의 눈물과 피눈물, 그리고 참젖과 향유를 흘려주시고, 성상의 움직이심, 얼굴표정과 모습, 색깔등의 바뀜, 그리고 자주 향기를 내심과 더불어, 다른 나라에서의 발현과는 아주 달리, 성체 성혈까지 내려오심은 영원한 교회의 어머니로서 인류구원을 향한 사랑이 얼마나 크신가를 보여주고 계시는 것입니다.

그러므로 우리는 성모님을 통하지 않고서는, 현대의 암흑세계(에페소서 6장 12절)에서는 희망의 나라를 찾을 수 없는 것입니다.
우리의 삶을 죄악으로 몰고가는 실체적 존재와의 싸움에서 이기기 위해서는 반드시 원죄 없는 그분을 앞세워 따라가야 하며, 그분을 통해서 힘을 얻어 마귀와의 싸움에서 승리하여 영원한 구원자 예수님을 만날 수 있는 것입니다.

바로 이 성모님을 만나 그분 안에 있는 희망이라는 언어를 찾아내는 것이 우리가 어떻게 살아야할지, 무엇을 위해 살아야할지의 해답입니다.

그리고 그 해답을 얻는 방법은 "성모님 사랑합니다. 당신의 티없으신 성심에 저를 봉헌합니다" 라고 말하는 것입니다.

잊혀지지 않는 세월호

✦ 찬미예수님, 찬미성모님! ✦

예수님은 십자가 고난과 부활이라는 하느님의 진리로써 이 불의한 세상에 정의와 평화를 심어 우리에게 구원을 주셨습니다. 예수님은 행동가였고 고통받는 사람들 곁에 있으면서 희망을 주셨습니다. 악의 세력에 저항하며 올바른 희망을 준 것이지, 그것에 인내하며, 순종하며, 희망이 있다고 거짓말 하지 않으셨습니다. 그분은 항상 고난 받는 자들 편에 섰습니다.

이제 며칠 있으면, 예수부활의 기쁨도 잠시, 4월 16일 세월호 참사 1주년이 돌아옵니다.

지난 3월 초순경 교황청을 정기방문 중인 한국주교단을 만난 자리에서 프란치스코 교황께서 첫 질문으로 하신 말씀, "세월호 문제는 어떻게 됐습니까?"

교황님께서는 작년 8월 시성식 차 한국에 오셨을 때도 "고통 받는 자들 앞에서 중립을 지킬 수는 없다." 고 말씀하신 바 있습니다.

주후 2014년 4월의 어느날, 참극(慘劇)이 아니였다면 그저 어느 날에 불과했었던 16일, 일반인을 포함한 대다수 꽃다운 어린 학생들, 무려 300명이 넘는 목숨을 앗아갔던 세월호의 침몰을, 우리는 속절없이 지켜봐야만 했습니다. 그리고 어언 1년이 지난 이 시각, 아무것도 달라진 것 없는 차디찬 바람벽 같은 한국적 현실 앞에서 우리는 또다시 속절없이, 아니 무기력하게, 참담한 가슴의 유가족들과 실종자가족들의 길거리 외침을 듣고있습니다.

1년이란 세월은 제삼자(第三者)인 나에게는 덧없이 흘러간 안락함의 시간들이지만, 당사자인 그들에게는 하루가 천년 같은 고난의 십자가였습니다.

삭발을 한 채, 죽은 자식들의 영정을 애린 가슴에 품고, 가두 행진하는 유가족들 중의 김씨, 그 앞에 한 사람이 나타나 이렇게 외칩니다. "자식 죽어 돈 받으니 대박났네."

또 한 할아버지께서 옆에서 외칩니다. "수 억원 받으면 됐지 뭘 더 받으려고 그러느냐?"

유가족 김씨는 쉰 목소리로 대답합니다. "당신들이 앞으로 이 자리에 서지 않도록 우리가 나섰습니다..... 안전한 대한민국을 만들기 위해서입니다."

김씨는 가두행진을 하면서도 머릿속을 떠나지 않는 상념에 사로잡힙니다.

참사가 난지 일년이 지나도록, 여전히 아홉명의 실종자가 차가운 바다 밑에서 가족을 만나기를 기다려야만 하는 현실, 아직도 인양을 기다리며 누워있는 세월호 같이, 바다 밑 물속에서 숨이 끊어진 아홉구의 그 실종자 목숨처럼, '진실규명'의 목숨도 숨이 끊어질까 두렵습니다.

우리나라의 어느 성직자께서 세월호 참사를, 그 즈음에 하느님 뜻이라고 말했습니다.

외람되지만, 결코 아닙니다. 인간 스스로 저지른 죄악의 결과를 하느님 뜻으로 돌리는 것은 옳지 않습니다. 그것은 '내 탓'을 '네 탓'으로 돌리는 위증과 같습니다.

사람보다 돈과 물질과 권력을 더 사랑한, 절제없는 인간들의 게걸스런 탐욕과 이기심이 빚어낸 인재(人災)입니다. 그럼에도 불구하고, 하느님께서는 우리에게 죄의 대가를 요구하지 않으십니다.

우리는 유가족들이 어째서 "실종자들의 뼛조각이라도 만지게 해 주십시오"하고 절규하는지 알아야합니다. 그들의 절규는 '무덤속의 마른 뼈들이 야훼의 숨으로 살이 붙고 뼈가 붙어서 다시 살아나는 것'처럼 예수님의 입김을 염원하는 단장(斷腸)의 기도입니다. 주1)

그분이 또 나에게 이렇게 말씀하셨다. "이 뼈들에게 내 말을 전하여라 마른 뼈들아, 이 야훼의 말을 들어라 뼈들에게 주 야훼가 말한다. 내가 너희 속에 숨을 불어넣어 너희를 살리리라. 너희에게 힘줄을 이어놓고 살을 붙이고 가죽을 씌우고 숨을 불어넣어 너희를 살리면, 그제야 너희는 내가 야훼임을 알게 되리라." 나는 분부하신대로 말씀을 전하였다. 내가 말씀을 전하는 동안 뼈들이 움직이며 서로 붙는 소리가 났다.　(에제키엘 37장 4절~7절)

우리는 그들의 기도를 외면할 아무런 권리도 없습니다. 그러므로 예수님처럼 그들의 십자가적 고난과 연대(連帶)하기 위해서, 지금 우리에게 요구되는 것은, 자초한 인재(人災)를 재삼 반복하지 않도록 회개와 속죄를 해야하는 것입니다.

회개와 속죄는 참된 자기성찰과 고해성사입니다. 이 과정을 공동체 사회에서는 '진실규명'이라고 합니다. 이 땅에 정의를 세우기 위해 진실규명을 하느냐, 아니면 과거처럼 호도하기 위해 요식적으로 하느냐는, 전적으로 '국가'라는 이름의 우리 공동체에게 달려있습니다.

하느님께서는, 이번에야 말로, 규명의 결과가 어떻게 나오느냐에 따라서, 우리에게 직접 그 책임을 물으실런지도 모릅니다. 그분은 어제도 오늘도 그리고 영원히 공의로운 분이시기 때문입니다.

주1) 1980년도에 율리아자매가 암과 모든 질병을 치유 받고 기도하는 중에 예수님께서 오셔서 율리아자매를 예수님과 함께 하늘을 날도록 해 주시며 예수님처럼 입김을 불어넣도록 하신 체험을 지난 4월 첫토 기도회이자 부활절인 4월 5일 간증(干證)하시면서 단장의 의미를 설명하신 바,그에 인용하였음: 단장(斷腸): 창자가 끊어지는 고통.

지금은 묵시록 시대 — 예수님 계신 곳은 어디인가?

✦ 찬미예수님, 찬미성모님! ✦

성모님께서는 우리 세상 자녀들에게 이렇게 호소하십니다;

"죄인들의 회개를 위하여 극심한 고통을 겪고 있는 사랑하는 나의 딸(율리아)아! 두벌주검에 이르는 고통들을 이 세상 모든 자녀들이 회개하여 구원받기를 원하면서 아름답게 봉헌해 주는 너와 같은 작은 영혼이 존재하기에 내 마음은 위로를 받는단다.

교황을 위해 더욱 기도하여라. 지극히 사랑하여 눈에 넣어도 아프지 않을 귀염둥이, 교회의 맏아들인 교황을 통하여, 부패될 대로 부패된 교회가 쇄신될 수 있게 하기 위하여, 나는 항상 그를 내 망토 안에 품어주어 위험으로부터 보호하고 양육하여 왔단다.

사도로부터 전래된 유일한 교회인 가톨릭 정통교리의 수호자 교황이여!

이단에 위협받고 오류에 물든 교회의 파멸이 벼랑 끝에 와 있으니 하루 빨리 교회가 쇄신됨으로써 성직자, 수도자들이 영적으로 성화되고 지옥으로 가는 죄인들까지도 회개하여 구원받을 수 있도록 최선을 다

해 대책을 강구하기를 간절히 호소한다." (사랑의 메시지 2007년 6월 30일)

　나주 성모님은 동시대가 마태오복음 24장과 25장에서 언급된, 마지막 시대임을 메시지를 통해서, 그리고 당신의 눈물과 피눈물, 예수님의 성체와 성혈의 현현(顯現)을 통해서 천명하셨습니다. 성모님의 교회개혁과 쇄신을 위한 간절한 호소는, 글로벌 가톨릭교회가 피할 수 없는, 특히 날 새는 줄 모른 채 깊은 잠에 빠져버린(마태오복음25장1절~13절), 한국가톨릭교회의 주교 및 성직자들(전부 그런 것은 아니니 오해 없으시기 바랍니다.)이 심각하게 받아 들여야 할 시대적, 운명적 과제입니다. 성모님의 이 열절한 혈호(血呼)가, 성령의 역사하심을 통하여 교황님에게 전달될 수 있도록, 나주 공동체가 기도에 매진하기를 외람되이 바라면서 이 글을 하느님께 봉헌합니다.

　"사람의 아들이 영광을 떨치며 모든 천사들을 거느리고 와서 영광스러운 왕좌에 앉게 되면 모든 민족들을 앞에 불러놓고 마치 목자가 양과 염소를 갈라놓듯이 그들을 갈라 양은 오른편에 염소는 왼편에 자리 잡게 할 것이다. 그 때에 그 임금은 자기 오른편에 앉아있는 사람들에게 이렇게 말할 것이다. '너희는 내 아버지의 축복을 받은 사람들이니 세상창조 때부터 너희를 위해 준비한 이 나라를 차지하여라 …. 너희가 여기 있는 형제 중에 가장 보잘 것 없는 사람 하나에게 해준 것이 나에게 해준 것이다. 그리고 왼편에 있는 사람들에게는 ... 너희는 내가 주렸을 때 먹을 것을 주지 않았고, 목말랐을 때 마실 것을 주지 않았으며 나그네 되었을 때 따뜻하게 맞이하지 않았고, 헐벗었을 때 입을 것을 주지 않았으며, 또 병들었을 때와 감옥에 갇혔을 때 돌보아 주지 않았다, 이 말을 듣고 그들도....언제 저희가 모른 체하고 도와드리지 않았다는 말씀입니까? .... 똑똑히 들어라 여기 있는 형제 중에 가장 보잘 것 없는 사람 하나에게 해주지 않은 것이 곧 나에게 해주지 않은 것이다."

(마태오 복음 25장 31절~45절 발췌)

그분은 오늘도 어제처럼, 성당 안에 없습니다 교회 안에 안 계십니다.

그분은 죄인들을 위하여 희생제물이 되고자, 그리고 우리에게 생명의 빵을 주시고자 잠시 머무르신 후 곧장 세상 밖으로 나갑니다.

하느님께서 그분에게 하라고 하신 일을 하기 위하여 세속의 거리로 들어 갑니다.

병들어 괴로운 사람, 귀신들려 억눌린 사람, 헐벗고 굶주린 사람, 창녀나 거지같이 힘들고 천대 받는 사람, 외롭고 지친 노인들, 의로움에 굶주려 억압받는 사람 등, 가난한 사람들을 만나러 거리로 나갑니다. 이런 하잘 것 없고 귀찮은 일들이 하느님께서 그분에게 맡기신 일입니다.

오늘도 어떤 국회의원님, 장관님, 사장님들 몇 분이 그분을 만나려고 성당에 찾아왔으나 허탕만 치고 돌아갔습니다. 성당 문을 나가시는 그분의 허름한 겉모습을 알아보지 못하고 그냥 지나쳤기 때문이었습니다.

그분은 오늘도 어제처럼, 왁자지껄한 재래시장에 갑니다. 오물 많은 판자촌에 갑니다. 먼지 끼고 땀내 나는 영등포 노동시장에 갑니다. 후미지고 햇볕 모자란 뒷골목에도 갑니다. 옛날 청계천 주변 같은 뚝방촌에도 갑니다. 우리 요롱이 친구인 동네 강아지들이 뛰노는 개나리공원 옆 무료급식소에도 갑니다.

그분은 오늘도 어제처럼 많은 부류의 가난한 사람들을 만나고 암병, 불칫병, 각종 병들을 고쳐주십니다. 거리에 쓰러진 주정뱅이 술꾼도 자상하게 보듬어 주십니다. 노숙자들, 굶주린 분들에게 먹을 것을 나누어 주시고, 식사도 함께 하십니다. 외롭고 아픈 곳 많은 노인들의 거친 양손을 붙잡고 안아주시며 따뜻한 방한복도 주시면서 한 많고 주름진 얼굴에 뽀뽀도 해주십니다.(그러고 보니 율리아 엄마가 하는 따뜻한 만남 뽀뽀도 그분한테서 배운 것을 실천하는 것이 틀림없습니다.)

그러면서 하느님 나라가 아주 가까이 다가 왔으니, 지금은 비록 힘들고 고단하고 어려운 생활을 하지만 기쁜 마음으로 욕심내지 않고 살면 곧 천국은 너희들 차지가 될 것이라고 격려하십니다.

그리고 기왕지사 지금까지 살아온 김에 하느님 아버

지 뵈올 준비도 할 겸 마음의 때도 좀 닦아 버리는 것이 어떻겠느냐고 권면하십니다. 마음의 때 닦아내는 방법도 알기 쉽게 설명해 주셨습니다.

예수님은 내일도 찾아와서 친구가 되어 주겠노라고 말씀하시곤 내일은 더 재미난 하늘나라 이야기도 해 주겠다고 약속하신 후 이제야 겨우 퇴근의 발걸음을 옮기셨습니다. 오늘 시간 부족으로 면회 못한, 교도소에 복역 중인 친구는 내일은 꼭 찾아봐야지 하며 빠른 걸음을 재촉합니다. 이런 보통사람들 보기에는 하잘 것 없고 귀찮은 일들이 그분에게는 우주보다 중대한, 가장 고귀한 사업입니다.

오늘도 어제처럼, 길고 지친 노동의 하루였습니다 지난 3년간 그래왔듯이 밤늦도록 야근까지 하셨으니 고단하신 것도 당연한 일입니다. 그러나 여우도 굴이 있고 하늘을 나는 새도 둥지가 있지만 '사람의 아들' 그분은 고단한 한 몸 뉘일 곳조차 아니 머리 둘 곳조차 없습니다.(루카복음 9장58절)

늦은 밤 홀로 귀가하시는 그분의 외로운 어깨 위로 밤 이슬이 무겁게 내려옵니다. 그리고 멀고 깊은 하늘에서 은하수 별빛들이 머리 위로 쏟아져 내려옵니다. 그분의 긴 머리카락은 은갈치처럼 반짝이며 차가운 밤바람 사이로 출렁입니다. 어느덧 밤은 더욱 깊어, 나뭇가지에는 애달픈듯 조각달이 걸리고, 그분의 쓸쓸한 뒷모습은 달빛에 긴 그림자를 남기면서, 오늘밤도 어제처럼, 늘

하시던 그대로, 하느님께 기도하시고자, 산속을 향하여 사라져 갑니다.

우리는 그분이 어디로 가셨는지 알 수 없습니다.
성당엘 찾아가도 없습니다 교회에도 안 계십니다.

그러나 그분은, 마음이 가난한 사람들이 찾아오면, 언제든지 모습을 내보이시며 반갑게 맞이합니다.
그분은, 가난한 사람들을 위하는 교회, 가난한 교회에, 오늘도 어제도 그리고 항상 계시기 때문입니다.

묵시록 시대의 성모님 —
한국교회의 부활을 호소합니다

✦ 찬미예수님, 찬미성모님! ✦

1997년 6월 30일 성모님께서 이렇게 말씀하셨습니다;

"지금 교회 안에 대다수의 목자들이 아직까지도 나를 받아들이지 않으므로 세상은 무서운 어둠으로 덮여 깊은 암흑 속으로 가라 앉으려 한다. 세상은 지금 어둠이 짙어져 갈림길에 와 있는데 그것은 바로 교회 안에서 나타나는 분열과 사제들에게서까지 보이는 배교가 더욱 심화되어 가고 수많은 성직자들과 자녀들이 나의 초대에 응하지 않을뿐더러 노골적인 반항으로 난폭하게도 내 아들 예수를 다시 십자가에 못 박고 있구나."

부활의 삶은 무엇인가?

하느님의 권능으로 새롭게 변화된 삶입니다.(마태오 복음 22장 29~30절) 성령으로 거듭난, 새롭게 태어난, 중생(重生)의 삶입니다.(요한복음 3장 1절~5절)

인간이 돈과 권력 앞에 무릎을 꿇고, 세상 불의와 타협하며, 이기심과 안락함에 갇혀 있을 때, 교회는 먼저 빛과 소금의 역할을 하고자, 돈과 권력에, 세상 불의에 그리고 이기심과 안락함에 타협하지 않고 그리스도정신으로 저항해야 합니다.

종교는 모름지기 종교이므로 법률 경제 정치 노동 문화 등과 상관없다고 주장한다면, 이는 교회가 스스로 직무유기를 선포하는 것입니다. 교회는 예수님의 계명에 따라서 하느님 사업을 하는 공동체입니다. 그분의 부드러운 명령을 소홀히 여겨서는 안 됩니다.

하느님 사업은 인류역사 및 인류사회 전반영역에 걸쳐 이루어지는 것입니다. 법률이건 경제이건 또는 정치이건, 인간문제에 관한 한 어느 한 영역도 배제될 수 없습니다. 교회가 이 같은 인간 삶의 문제에 솔선수범하지 않는다면, 그래서 빛과 소금의 역할과 책무는커녕, 예수님의 언행을 가르치지도, 행동하는 모범도 보이지 않는다면, 하느님의 백성 앞에 그 교회는 죽은 교회입니다. 그런 교회는 세상에 존재할 이유가 없습니다.

성령께서는 교회 공동체가 대응하고 있는 그 시대에 알맞게 교회가 나아갈 길을 제시합니다. 프란치스코 교황은 그분의 "빛 비추임"을 "성령의 시대적 요청" 이라고 합니다. 또한 성경은 분명하게 "지금, 깨어 있어야 함"과 "항상 준비하고 있어야 함"을 우리 모두에게 요구합니다.

따라서 동시대가 우리에게 보여주고 있는 시대적 징조로서, 최근 수십 년 넘어 발생한 글로벌 재변과 재앙의 상황은 우리에게 무화과나무의 비유를 일깨워 줍니다. 그리고 한국 땅 나주에서 발현된 여러 미증유의 징표들, 특히 성모님의 마지막 시대에 관한 경고메시지를 담고 있는 "사랑의 메시지"는 글로벌 교회 및 한국교회의 회개와 개혁과 쇄신을 강력하게 요청하고 있습니다.

"쓰러져 가는 내 집을 바로 세워라."하신 예수님의 계시(啓示)는, 아시시의 프란치스코 성인에게만 국한된 것이 아닙니다.

돈에 경도되고, 권력 앞에 침묵하고, 세상 불의에 눈감으며, 공동체의 빈곤문제에 등한하며, 교권적 이기심과 물질적 안락함에 깊이 취해있는, 한국교회의 주교님들, 목사님들, 그리고 휘하의 성직자님들에게 먼저, 부활의 삶이 요구되고 있습니다.(전부다 그런 건 아니니 오해 없으시기 바랍니다.)

눈먼 자가 눈먼 자들을 인도하면 함께 구덩이에 빠질수밖에 없다(루카복음 6장 39절)는 예수님 말씀을 거울삼아, 그분들의 영안이 새롭게 열린다면, 평신도들이 교회를 걱정하지 않는 교회의 마지막 시대가 열리지 않을까 생각합니다.

묵시록시대의 성모님 ─
암흑과 불과 피의 벌을 자초하지 말라

✦ 찬미예수님, 찬미성모님! ✦

사랑하는 나주식구 여러분!

나주 성모님의 메시지 말씀을 묵상하다가 느낀 점이 있어서 이렇게 펜을 들었습니다. 성모님의 사랑의 메시지에는 '마지막 때', '파멸', '자초'라는 단어가 경고의 말씀과 함께 자주 나옵니다.

성모님께서 이러한 단어를 언급하신 데는 분명히 깊은 뜻이 있음을 제 나름대로 느낀 바 있기에 몇 자 적어 올립니다.

성모님께서 **1994년 2월 3일** "사랑의 메시지"에서 이런 말씀을 하셨습니다.

"지금 세계 각처에서 일어나고 있는 사고를 우발적 사고라고 생각하지 말고 어서 깨어나 하느님의 진노를 막아야 한다...지금 자연 질서가 깨어지고 전복이 빈번하게 일어나고 있다. 물, 불, 기아,지진, 홍수, 가뭄, 해일, 갖가지 공해, 그리고 이상기후, 전쟁 등으로 수천, 수만 명이 죽어가고 각종 불치병과 전염병으로 인하여 무수한 희생자들이 늘어난다... 세상의 모든 자녀들아! 사랑하는 나의 아들딸들아! 암흑과 불과 피의 벌을 자초하지 말아라."

지금부터 5년 전 어느 봄날, 정확히 2011년 3월 10일 일본 후쿠시마 핵발전소가 대지진과 쓰나미(해일)로 폭발했습니다. 그 결과는 말할 수 없이 참혹했습니다. 약 16,000명이 죽고, 사망과 다름없는 행방불명자가 2,500명 이상, 47만 명에 달하는 피난민, 그리고 핵발전소 참화로 대피했으나 질병과 건강 악화로 죽은 사람도 약1,300명, 게다가 후쿠시마 핵발전소들 인근 지역은 더 이상 사람이 살 수 없는 폐허의 땅이 되고 말았습니다. 물론 지금도 뒷수습은 계속되고 있습니다.

사람들은 핵발전을 인간생활의 에너지원으로써 이용함에 대해서 찬성하거나 반대합니다. 찬성하는 쪽은 효율성과 안전을 보장할 수 있다고 하며 위험성을 무시합니다. 반대하는 쪽은 에너지 효율성의 의문(疑問)도 지적하지만 고도의 위험성을 제시합니다.

성경의 말씀들은 불완전한 피조물인 인간이 교만함 때문에 패망할 수 있다고 경고합니다. 인간의 잘못과 실패 앞에는 늘상 교만이 서있음을 지적합니다.
인간의 한계인 불완전성을 인정하지 않고 핵발전의 완전통제와 안전보장을 확신하는 것은 바로 인간의 교만입니다.

이 교만이, 결국 1970년 네바다 핵폭발사고, 1979년 쓰리마일아일랜드, 1986년 체르노빌, 2011년 후쿠시마 등의 대재앙을 가져왔던 것입니다. 이 밖에도 언론에 보도되지 않은 크고 작은 핵관련 사고는 수없이 많습니다.

성모님께서 "암흑과 불과 피와 벌을 자초하지 말라"고 하신 그 깊은 의미를 피상적으로만 흘려버리고, 적극적인 실천으로써 현실생활에 직접 적용하지 않는다면 자초의 결과는 인류의 멸망으로 귀결됨을 우리는 깨달아야 합니다.

제2차 세계대전 시, 히로시마와 나가사키에 투하 된 대량살상의 핵폭탄, 그리고 수차례 반복된 핵폭발의 대재앙 등에서 인류 미래에 대한 교훈을 찾아야 합니다.

자비로우신 하느님께서는, 죄 많은 인간들이라 하더라도 즉각 심판하지 않으시며 속죄와 회개의 기회를 주십니다.

그러나 우리 사회가 효율적 에너지 자원이라는 눈 앞의 이유만으로 계속해서 핵발전에 의지한다면 하느님의 심판 보다도 먼저, 인간의 오만이 스스로의 오만을 지금까지 보다 더 무섭고 더 참혹하게 심판할 수도 있다는 생각을 떨쳐버릴 수가 없습니다.

주님의 이름으로 하느님의 자비를 빕니다.

| 십자가(十字架)가 없으면

✦ 찬미예수님, 찬미성모님! ✦

프란치스코 교황께서 2013년 3월 14일 성 십자가 현양축일 미사 강론에서 이렇게 말씀하셨습니다:

"우리가 십자가 없이 길을 갈 때,
십자가 없이 무엇을 건설할 때,
십자가 없이 그리스도를 고백할 때,
우리는 주님의 사도가 아닌 세속의 사람입니다.
사제, 주교, 추기경, 교황일지는 몰라도
주님의 사도는 아닙니다."

우리가 정의로운 사람이라면 침묵 중에 깊이 생각할 것입니다.
그리스도의 십자가는 정녕 하느님의 정의로운 심판인가?
네 그렇습니다.
그리스도의 십자가는 조건없는 하느님의 자비로운 심판인가?
네 그렇습니다.

그리스도의 십자가는 본디 우리의 십자가였습니다.

이천년 전에도 우리가 지고 있어야 할 십자가였으며, 지금도 죄인인 우리가 짊어져야 할 십자가입니다.

"나를 따르려는 사람은 누구든지 자기를 버리고 제 십자가를 지고 나를 따라야 한다."

(마르코 복음 8장 34절)

그러나, 이천년이 지난 지금도 그분께서는 여전히 그 십자가를 짊어지고 계십니다. 피눈물 마저 흘리시면서 ......

우리가 정의로운 사람이 되고자 한다면, 이제라도 예수님께로부터 제 십자가를 돌려 받아야 되지 않을까요?

비록 그럴만한 능력도 안되는 미물이지만, 그런 시늉이라도 해야 마땅하지 않을까요!

묵시록 시대의 성 금요일 오후 3시

✦ 찬미예수님, 찬미성모님! ✦

예수님께서 성부께 자신의 몸과 피를 산 제물로 바치신 그날, 그분의 고난(苦難)도 끝났습니다.

십자가상에서 "이제 다 이루었다."(요한복음 19장 30절) 말씀하신대로, 금요일 오후 3시, 머리 둘 곳조차 없이 고단한 생활의 연속이었던 33년 여정도 마침표를 찍었습니다.

과연 모든 것이 끝났습니다!

하늘에서는 세차게 검은 바람이 불어와, 갈바리아 언덕 위로 벼락을 치며 굵은 비를 쏟았고, 땅은 칠흙같은 어둠과 침묵 속에서 고요한 성모님의 피울음을 삼켰습니다.

"사람들에게 멸시를 당하고 퇴박을 맞았다. 그는 고통을 겪고 병고를 아는 사람, 사람들이 얼굴을 가리우고... 그를 업신 여겼다. 그런데 실상은 그는 우리가 앓을 병을 앓아 주었으며 우리가 겪을 고통을 겪어 주었구나. 우리는 그가 천벌을 받은 줄로만 알았고 하느님께 매를 맞아 학대받는 줄로만 여겼다. 그를 찌른 것은 우리의 반역죄요, 그를 으스러뜨린 것은 우리의 악행이었다. 그

몸에 채찍을 맞음으로 우리를 성하게 해주었고 그 몸에 상처를 입음으로 우리의 병을 고쳐주었구나. 우리 모두는 양처럼 길을 잃고 헤매며 제멋대로 놀아났지만, 야훼께서 우리 모두의 죄악을 그에게 지우셨구나.

그는 온갖 굴욕을 받으면서... 도살장으로 끌려가는 어린양처럼... 결코 입을 열지 않았다. 그가 억울한 재판을 받고 처형을 당하는데그 신세를 걱정해 주는 자가 어디 있었느냐? ..그는 우리의 반역죄를 쓰고 사형을 당하였다...그는 자기의 생명을 속죄의 제물로 내놓았다.“

(이사야서 53장 3절~10절)

그분은 저주 받은 모습으로 나무에 걸리셨으니, 차마 두 눈 들어 바라볼 수 없는 어머니의 슬픔은 갈바리아 언덕을 떠나지 않았습니다.

육중한 고통의 무게를 양팔에 걸고, 예수님 처럼 온몸을 십자가에 매달려 계셨습니다.

어머니께서는 어린 사도 요한처럼, 우리들도 십자가 밑에서 어머니와 함께 고통을 나누기 원하셨으나, 냉담한 우리들의 발길은 처연한 어머니의 모습을 뒤에 남긴 채, 어둠 속으로 사라져 버렸습니다.

우리의 참회와 속죄의 출발은 극심한 어머니의 고통과 고독에 함께 하는 것으로 시작해야 합니다.

우리의 참회와 속죄의 길은 게쎄마니 동산에서 그분이 흘리신 피와 땀을 쫓아서, 저 갈바리아 언덕 위, 깊은 비탄에 잠겨 기도하시는 어머니의 모습을 향해야 합니다.

우리 죄인들을 위하여, 어머니께서는 예수님의 죽음을 부활로 연결하는 빠스카의 신비 안에 징검다리 되어 주시고자 바로 이 시각, 피눈물을 흘리시며 애절하게 기도하시기 때문입니다.

그러나 눈물의 어머니, 통고(痛苦)의 어머니, 찢겨진 성심의 어머니께는 금요일 성 시간이 따로 없습니다.
"사랑하는 아들딸들이 암흑과 불과 피의 벌을 자초하지 않기를" 염원하시는 어머니께서, 이제까지 전 세계 여러 나라에 발현하시면서, 특별히 작은 한국 나주 땅에 현존하시며 거듭거듭 우리에게 주신 메시지를 통해서 "대타락의 위협과 멸망의 위험에 처한" 동시대에, 이미 기울어진 "하느님의 진노의 잔"을 만류하시고자 우리에게 "깨어있음과 끊임없는 기도"를 요구하십니다.

어머니께서는 우리 인류가 지체하지 말고 모든 죄악을 버리고, 행위가 없는 죽은 믿음이 아닌, 그리스도의 가르침을 행동으로 옮기기 바라십니다. 미움과 분노는 버리고, 나만의 이익에서 공동체의 나눔으로, 내 것의 탐욕에서 연대적인 사랑으로, 깊어가는 어둠의 세상에서 빛밝은 생명의 나라로 건너가기 원하십니다.

금요일 오후 3시 예수님의 십자가 위에서 죽으심 그

리고 그 십자가 아래 젖은 어깨로 서 계신 성모님의 모습 ……

비록 죄인일지라도, 우리가 뉘우칠 줄 안다면 가슴에 새겨야 할 한 장면 아닐까요!

이 시대의 독재자들

✦ 찬미예수님, 찬미성모님! ✦

프란치스코 교황님께서 이렇게 말씀하셨습니다;

"통제받지 않는 자본주의는 새로운 독재일 뿐입니다. 사회통합과 인권, 시민권을 둘러싼 문제가 발생했을 때 교회는 이를 해결하기 위한 역할을 다 해야 합니다."

"동시대의 현실이 비인간성의 시대로 접어드는 상황에서 우리의 역할은, 우리 사제들과 신자들 모두의 책무입니다. 십계명중 제 오계명인 '살인하지 말라'는 하느님 말씀은 경제적인 살인도 해서는 안 된다는 뜻입니다."

"경제 권력을 휘두르는 사람들은 아직도 부유층의 투자, 소비증가가 저소득층의 소득증대로 까지 확대될 것이라는 낙수효과를 말하고 있지만 이는 잔인하고 순진한 믿음입니다."

"이런 상황에서 통제받지 않는 자본이 새로운 독재자로 잉태되고 있습니다. 이 독재자는 무자비하게 자신의 법칙만을 강요하며, 윤리와 심지어 인간성마저도 비생산적인 것으로 취급하고 있습니다. 정치 지도자들과 가톨릭 사제들은 사회부조리와 불평등을 바로잡기 위해 행동에 나서야 합니다."

"정치 지도자들은 '가난한 자와 부를 나누지 않는 것

은 그들이 마땅히 가져야 할 것을 도둑질하는 것'이라는 옛 성인들의 말을 되새기기 바랍니다."

상기한 말씀들을 생각해 본다면 프란치스코 교황님께서는 가톨릭 신자들은 물론이거니와 사제들에게까지도 적극적인 현실참여를 주문하셨습니다. 그리고 아직도 가톨릭교회는 많은 이들로부터 신뢰와 지지를 받는 기관이며 교회는 사회통합과 인권, 시민권 등을 둘러싼 문제가 발생했을 때, 그 해결책을 찾아내는 중재자 역할을 해야 한다고 말씀하셨습니다.

"조직의 안위만을 치중하는 교회가 돼서는 안 됩니다. 교회는 말과 행동을 통해서 사람들의 일상생활에 개입해야 하며 필요하다면 신발에 거리의 진흙을 묻힐 수 있어야 합니다. 나는 교회가 좀 더 깨지고 좀 더 상처입고 좀 더 더러워지기를 원합니다."라고도 말씀하셨습니다.

교황님께서 사제들의 현실참여를 강조한 것은 이것만이 아닙니다. 2013년 7월 브라질에서의 세계청년대회 연설에서도 "교회도 거리로 나가기 바랍니다. 저는 우리가 세속적이고 고정되어 있고 안락한 모든 것에, 교권주의와 관련된 모든 것에, 우리를 자기 자신 안에 가두는 모든 것에 저항하길 바랍니다. 성당과 학교, 기관의 본분은 밖으로 나가는 것입니다."

지난 해 9월 미사 강론에서는 "정치인들이 더 잘 통치할 수 있도록 사제들도 능력 닿는대로 최대한 정치에 참여해야한다"고 강조하신 바 있습니다.

교황님은 연설, 강론, 권고문, 기도문 등을 통해서, 누구든지 이웃과 연대하여 살아가는 가운데 '예수 그리스도의 생명'에 참여할 수 있다고 강조하십니다.

"세상의 기쁨과 고통을 함께하는 예수 그리스도의 제자 공동체인 교회가 가르치는 인간 삶의 행복은 전인적이고 사회적인 차원을 지니고 있습니다. 역대 교황님들뿐만 아니라 특별히 프란치스코 교황님께서 그리스도인들의 사회적 실천을 강조하는 이유가 여기에 있습니다."(평화신문)

"너희는 온 세상을 두루 다니며 모든 사람에게 이 복음을 선포하여라"(마르코복음 16장 15절)는 나만 구원받으면 안 되며, 이웃도 함께 구원받아야 한다는 예수님의 명령입니다. 나만 잘 살면 안 되고 너도, 이웃도, 먼 제삼자(第三者)들도 두루두루 잘 살아야 한다는 예수님의 명령입니다.

"너희가 여기 있는 형제들 중에 가장 보잘 것 없는 사람 하나에게 해 준 것이 바로 나에게 해 준 것이다 그리고 왼편에 있는 사람들에게는... 너희는 내가 주렸을 때 먹을 것을 주지 않았고, 목말랐을 때 마실 것을 주지 않았으며 나그네 되었을 때 따뜻하게 맞이하지 않았고, 헐벗었을 때 입을 것을 주지 않았으며, 또 병들었을 때나

감옥에 갇혔을 때 돌보아 주지 않았다. 이 말을 듣고 그들도 … 주님께서 언제 저희가… 모른체 하고 돌보아 드리지 않았다는 말씀입니까?… 똑똑히 들어라 여기 있는 형제들 중에 가장 보잘 것 없는 사람 하나에게 해 주지 않은 것이 곧 나에게 해주지 않은 것이다. "
(마태오복음 25장 40절~45절 요약)

그러므로, 가톨릭 신자가 된다는 의미는 그리스도인의 삶이 언제나 공동체적이고 사회적일 수 밖에 없다는 것과 같습니다. 본래부터 나의 것은 없으니, 거저 받았으니 거저 나누어 주어야합니다.(마태오복음 10장 8절), 많이 받은 사람은 많이 받은 만큼, 마땅히 많이 나누어 주어야 합니다.

기쁨이든, 행복이든, 슬픔이든, 고통이든, 재물이든, 먹거리이든, 나눔의 행위에는 개인이건 단체건 예외가 없습니다. 정치가 별개(別個)가 아니며, 경제인이 별개가 아니며, 사회인이 별개가 아니며 사업가가 별개가 아닙니다.

인간의 생사문제 모든 것이 공동체의 운명 안에서 존재합니다. 그러므로 가톨릭 신자가 된다는 것은 나의 죄악(罪惡) 때문에 그렇게 많이 깨지고, 상처받고, 피흘리신 그리스도처럼, 그리고 교황께서 바라시는 진흙탕 묻은 교회처럼, 이기심(利己心)이라는 안주한 삶에서 세상 밖으로 나아가, 이웃과 제삼자(第三者)들과의 연대를

위하여 좀 더 깨지고 좀 더 상처입고 좀 더 더러워져서
진정한 "예수 그리스도의 생명"에 참여하는 것입니다.

| 후 기 |

지구종말이 더욱 가까워졌다는 과학자들의 경고가 10초 더 오른쪽으로 이동하여 2023년 1월 현재 자정 전 90초라고 합니다. 지구종말 시계의 자정은 지구종말을 의미합니다. 기후위기와 핵위협이 지구의 종말을 앞당기는 주요인이라고 과학자들은 말하지만 제 생각은 다릅니다. 하느님을 배척한 인간의 욕망과 교만이 기후위기와 핵위협의 근원이며 앞으로는 하느님을 더욱더 멸시하고 AI에 의존하는, 빅테크기업과 일반인이 제약 없이 마음대로 주무른 AI(인공지능)가 핵폭탄 보다 더 무섭게 지구의 종말을 앞당기게 할 것이라고 봅니다.

저는 나주에서 발현하신 성모님을 알고 난 후 평소에 가졌던 종말관이 새롭게 솟구쳤습니다.
'사랑의 메시지'를 처음 읽었을 때, 마태오 복음 24장에서 예수님께서 제자들의 질문에 답하시며 예시하신 그 내용이 '사랑의 메시지'에 그림같이 구체화되어있어, 저의 뇌리에 각인되었습니다

그러나 출판을 마음 먹은 후, 나한테는 1등 맞은 복권보다 귀중한 생사(生死)의 문제지만, 요즘 같은 세상에 별로 달갑지 않은 종말론 얘기라서 출판사 마다 원고를 받아주길 꺼려하였습니다.

출판이 생각보다 두어달 늦어지고 있을 때 지인이 개인(독립)출판사로도 책을 출간할 수 있다고하여 사정이 하락하는 시일에 맞추어 구청에 가서 개인출판사 등록을 마쳤습니다. 그러나 개인출판도 만만하지 않아 마음은 타고, 나주성모님께 기도하며 하움에 원고를 보내고 출판 기회를 얻으니 날아갈 듯 기뻤습니다. 나주성모님께서 기도를 벌써 몇 번이나 들어 주셨는지, 감사와 찬미를 드렸습니다. 나주를 함께 순례하는 아브라함 형제께서 에필로그는 안 쓰냐고 물어보기에 안쓰겠다고 대답했습니다. 허나 왠지 허전해서 원고를 편집장님에게 보내고 나서 이렇게 자판 앞에 앉았습니다. 후기를 쓰고싶은 마음을 주신 형제님 고맙습니다.

성모님께서는 나주 율리아 자매에게 발현하시어 미증유의 기적들과 함께 메시지를 주시면서 당신께서 발현하신 이유를 설명해 주셨습니다.

"지금이야말로 세상을 정복하려는 사탄과의 전투가 치열하게 벌어지는 영신전쟁의 마지막 때이다. 교회가 당신의 발현과 메시지와 기적의 징표들을 순전하게 받아들이면 하느님의 이미 기울어진 진노의 잔이 축복의 잔으로 바뀌게 될 것이다. 그러나 이를 무시하고 받아들이지 않는다면 하느님께서 무서운 재앙으로 세상을 가차없이 심판하실 것이다."라고 경고하셨습니다.

나주성모님께서 발현하시어 처음 메시지를 주신 때

가 1985년이니 벌써 38년의 세월이 흘렀습니다. 해당 교구의 주교들 조차 몇 분이 바뀐 지난한 세월. 그럼에도 불구하고 성모님의 발현과 제반 초자연적 현상은 여전히, 38년 동안 꽁꽁 얼어붙은 겨울같은 한국교회로부터 인준 받지 못하고 있습니다.

아니 조사 한번 제대로 받지 못하고 있습니다. 조사라는 단어를 입에 올리기도 민망합니다. 1996년 1월, 블라이티스 주한교황대사님의 촉구에 따라 마지 못해 한 요식적이고 가식적인 조사!(본문: 5. 한국교회 광주교구의 파부침선 참조) 광주교구조사위원회 신부들의 율리아자매와 성모님에 대한 힐난과 비아냥이 전부였습니다.

나주성모님 발현의 경우는, 성모님뿐만 아니라 예수님의 발현과 메시지 그리고 성체 성혈의 강림 등 복합적인 기적의 징표들이므로, 발현과 제반 초자연적 현상의 사안을, 진정으로 현대의 과학적이고 객관적인 눈으로 바로보는 사람이라면, 그리고 사랑과 정의의 참된 가톨릭교회라면, 다른 나라의 성모님 발현들처럼 제대로 된 수십번 수백번의 조사를 해서라도 진실규명을 해야 마땅한 일 아닙니까!

38년 동안 광주교구뿐만 아니라 한국교회는 피눈물을 흘리시면서 메시지를 주시는 나주성모님의 닥쳐오는 재난을 면하기 위한 근심과 염려, 경고와 호소는 무시한 채, 역대 교황님들께서 그렇게도 고군분투 하시던, (사랑의 메시지 예수님과 성모님 말씀에 의하면) 마쏘네와 합세하여 더욱더 깊은 오류의 나락으로 떨어지며 하느님으로부터 의노와 환난과 재앙을 부르고 있습니다.

그러나 "작은 영혼들의 간절한 기도 소리가 하늘에 닿을 때 하느님의 의노는 풀릴 것이며 내 곁에서 기도하는 충직한 작은 영혼들이 있기에 주님께서는 사탄이 파괴한 곳을 다시 건설하실 것이며 상처입힌 것들까지도 치유해 주실 것이다."라고 하신 '태양을 입은 여인, 뱀을 짓밟는 능력의 성모님'를 앞세워 주님을 따른다면, 나주에서 발현하신 성모님의 성심은 마침내 승리할 것입니다.

지금 후기를 쓰고있는 계절은 동지가 지나 한겨울입니다. 외국의 모 시인은 노래 합니다. "겨울이 오면 봄은 멀지 않으리."
예수님 또한 말씀하십니다. "한 알의 밀알이 땅에 떨어져 썩지 않으면 많은 결실을 맺을 수 없다.""죽지 않으면 부활이 없다."
그렇습니다. 죽음같은 겨울이 있어야, 생명의 봄은 다시 옵니다.
하느님이 창조하신 아름다운 한국의 겨울 산하(山河), 강원도 동강의 풍경, 언젠가 가서 보고, 가슴에 그려 놓은 시(詩) 한 편을 되새기며 생명의 봄같은 나주성모님의 인준을 희망합니다.

겨울 東江

나는 보았지
지난밤 하얀 꿈 속에서
물소리 새소리 노래하는 걸

오늘도 끌리듯 강가에 나와
달빛 젖은 산과 골짜기를 바라본다
추운 숲 가슴 시린 나무들 사이
눈부시게 비치는 건
예와 다름없는 뭇별
가녀린 쪽빛 달의 얼굴이지만

강가에 설 때 마다
모래톱 너머 어린 시절
한여름 아이들의 자맥질 소리 들리고
아래녘으로만 흐르는 강물처럼 살아온
어머니의 따스한 품안을 떠올린다

이미 새들은 떠나가고
수초들 마저 어란(魚卵)을 품지 않는
그래서 어둠만 깊어진 강물

오늘도 어제처럼
태고의 흙바람만 떠돌다 가버린 동강
차라리 고요함도 깨끗함도
가까이 할 수 있게
아무에게나 허심(許心)하지 말았어야 할 것을

누구의 욕망이 처녀막을 찢어놓듯
지난 여름 수많은 더러움이
원시의 순수를 짓밟아 놓았다

말라버린 억새들은 달빛 아래
은회색 머리칼을 풀어 헤치고
바람 찬 강가에도 밤이 깊어지길 기다리며
숨어있는 소요(騷擾)들을 잠재우고 싶어하나
깊이 잠들지 못하는 동강은
옆으로 누워 간(肝)잎을 뒤척인다

허나, 나는 보았지
지난밤 하얀 꿈 속에서
추운 숲 가슴 시린 나무들 사이
다시 새들이 날아 오르고

흰 눈 덮고 누워 잠든 빙원 아래
봄을 꿈꾸던
수많은 작은 물들이

일어나 빛을 쫓아 달려가고 있는 걸

그때 수초들 사이로
햇살이 잦아 들고
동강은 선잠 털고 일어나

파랗게 살아 날 것이다
들꽃을 피울 것이다.

2024년 1월 14일, 피눈물 흘리시는
나주성모님 사진을 바라보면서
이은의요아킴 배상.

지금은 묵시록 시대 - 성 교회(聖教會) 안에 침투한 프리메이슨

1판 1쇄 발행 2024년 2월 5일

지은이 이은의요아킴

펴낸곳 (주)하움출판사   펴낸이 문현광

이메일 haum1000@naver.com   홈페이지 haum.kr
블로그 blog.naver.com/haum1000   인스타 @haum1007

ISBN 979-11-6440-526-8(03230)